VON KRIEGSTEIN

PAUL TILLICHS METHODE DER KORRELATION UND SYMBOLBEGRIFF

HERAUSGEBER

WOLFGANG PHILIPP †

und

AXEL HILMAR SWINNE

Institut für wissenschaftliche Irenik der Universität Frankfurt/M.

STUDIA IRENICA

XVII

MATTHIAS VON KRIEGSTEIN

PAUL TILLICHS METHODE DER KORRELATION UND SYMBOLBEGRIFF

VERLAG DR. H. A. GERSTENBERG · HILDESHEIM

1975

MATTHIAS VON KRIEGSTEIN

PAUL TILLICHS METHODE DER KORRELATION UND SYMBOLBEGRIFF

VERLAG DR. H. A. GERSTENBERG · HILDESHEIM
1975

Diese Abhandlung ist unter dem Titel
„Methode der Korrelation und Symbolbegriff Paul Tillichs – Ihre Bedeutung und Problematik für die notwendige Erarbeitung handlungsorientierenden theologischen Wissens"
am 24. 11. 1972 vom Fachbereich Evangelische Theologie der Universität Hamburg als Dissertation angenommen worden.

Printed in Germany
Druck: aku Fotodruck Kraus & Urlaub, 86 Bamberg
Best.-Nr. 238 00217 – ISBN 3 8067 0217 9

G L I E D E R U N G

Seite

Seite

Seite

1. Fragestellung[1)]

1.1 Probleme kirchlicher und theologischer Arbeit

1.11 Negative Auswirkungen bei der Vermittlung religiöser Inhalte

Von verschiedenen Seiten wird behauptet, daß kirchliche und theologische Arbeit Auswirkungen hat, die sozialpsychologisch gesehen negativ sind und die als nicht intendiert betrachtet werden können. Dieser Sachverhalt soll durch drei Beispiele veranschaulicht werden:[2)] Das erste Beispiel bezieht sich auf den Zusammenhang von Religion und Gesellschaft, das zweite stammt aus dem Bereich der allgemeinen Pädagogik und das dritte aus dem der Sexualpädagogik.

---

1) Im folgenden werden TILLICHs Schriften ohne Angabe des Verfassers aufgeführt. Dabei verwende ich für die 'Systematische Theologie' Band Iff die Abkürzung STH Iff, für die 'Gesammelten Werke' Band Iff das Zeichen WW Iff; 'Perspectives on 19th and 20th Century Protestant Theology' wird Perspectives abgekürzt. (Die genauen bibliographischen Angaben zu diesen Schriften sind im Literaturverzeichnis angegeben.) Dabei habe ich TILLICHs Schriften jeweils nicht nach dem ersten, sondern nach dem gegenwärtig am leichtesten auffindbaren Veröffentlichungsort zitiert. Das erschien mir besonders im Blick auf Belege sinnvoll, auf die nur durch eine bibliographische Angabe hingewiesen wurde.
Eine weitere redaktionelle Bemerkung bezieht sich auf Quer- und Rückverweise innerhalb der vorliegenden Arbeit: Sie werden durch die Angabe der Gliederungszahl vorgenommen. Die Zahl 3.22 oder (3.22) z.B. im Text oder in den Anmerkungen verweist auf den Abschnitt 'Funktionen religiöser Symbole'.

2) Sie beziehen sich auf Handlungen einzelner Gruppen oder Personen innerhalb der Kirche. Nimmt man aber an, daß diese Handlungen in den meisten Fällen direkt oder indirekt theologisch motiviert sind, muß man negative Auswirkungen auch als negative Folgeerscheinungen theologischer Arbeit betrachten.

TILLICH hat 1933 die Schrift 'Die sozialistische Entscheidung'[1] publiziert. Ein Teil der Auflage wurde später unter dem Druck der Nationalsozialisten eingestampft. In dieser Schrift stellt er den Versuch der Nationalsozialisten, sich mit der evangelischen Kirche zu arrangieren, als ein taktisches Manöver dar. Die Nationalsozialisten wollen ihre mit Unbedingtheitsqualität versehenen Traditionen[2] durch die evangelische Kirche legitimieren lassen, um sie für die Mitglieder der Kirche annehmbar zu machen. Der Protestantismus erliegt dieser Gefahr, weil er kein genügend starkes Gegengewicht gegen die Nationalsozialisten hat: "Die 'Schrift' ist soziologisch nicht fixiert"[3], eine gegen die Laien abgesetzte Priesterschaft gibt es wegen des Gedankens des allgemeinen Priestertums der Gläubigen nicht. "So kommt es, daß die Verkündigung sich entweder den Forderungen der herrschenden Gruppen anpaßt oder eine Transzendenz annimmt, die die gesellschaftlichen Mächte ungehindert walten läßt und dadurch ihrem Interesse dient. Auf diesem Wege leistet heute die evangelische Kirche einer Bewegung, die ihrem prophetischen Charakter aufs schärfste widerspricht, ohne Wissen und Wollen die wichtigsten Dienste."[4]

Löst man diese These von dem geschichtlichen Kontext ab, in dem sie formuliert ist, so bleibt die Behauptung, daß eine Verkündigung, die ihrem Selbstverständnis nach nur und rein die Vermittlung religiöser Inhalte intendiert, Wirkungen haben kann, die nicht auf den

---

1) WW II, S. 219ff

2) "Boden-, Orts-, Landschafts- und Heimats-Traditionen ... Bluts-, Familien-, Geschlechter- und Volks-Traditionen ..." (WW II, S. 253)

3) ebda S. 255

4) ebda S. 255f

einzelnen Hörer oder auf Hörergruppen in ihrer Beziehung zur Transzendenz, zu Gott, begrenzt sind. Vielmehr können von einer solchen Verkündigung Wirkungen auf das Leben einer Gesellschaft ausgehen, die theologischen Intentionen entgegengesetzt sind.

Das zweite Beispiel betrifft die autoritative Einführung des Gottesbegriffs in der Kindererziehung. Die Psychoanalyse hat hieran aufgrund folgender Argumentation scharfe Kritik geübt:[1] Dem kleinen Kind begegnet Autorität zunächst in Geboten und Verboten der Eltern, die diese durch ethische und moralische Begriffe begründen. Obwohl diese Begriffe durch die Autorität der Eltern geschützt werden, sind sie dennoch so formuliert, daß das Kind sie mit der Wirklichkeit vergleichen kann und Diskrepanzen zwischen Norm und Ideal auf der einen und Realität auf der anderen Seite feststellen kann. Es kann zum Beispiel erkennen, ob die Eltern die von ihnen vertretenen Normen selbst verwirklichen oder nicht. In diese Phase des Abwägens, die einen Teil der kindlichen Entwicklung zur Autonomie und Selbständigkeit ausmacht, fällt die autoritative Einführung des Gottesbegriffs, d.h. die Einführung Gottes als absoluter, allmächtiger, unsichtbarer Autorität.[2] "Die Vorstellung des unsichtbaren, allmächtigen und allwissenden Gottes ist für das Kind eine überwältigende, um so mehr als zwei Umstände ihr affektives Wurzelfassen sehr begünstigen."[3] Die eine Wurzel ist die biologisch bedingte Hilflosigkeit des Kindes, die psychologisch zu einer Autoritätsbedürftigkeit führt. Die andere Wurzel ist "das eingeborene

---

1) cf zum folgenden KLEIN (1919) S. 47ff

2) Beispiele aus der pädagogischen Praxis bei DREIKURS/ SOLTZ (1964) S. 289f

3) KLEIN (1919) S. 47

Allmachtsgefühl"[1] des Kindes. Es bezieht sich zunächst auf die eigene Allmacht, wird dann vom Kind auch bei den Personen seiner Umgebung vorausgesetzt und dann auf Gott übertragen. Da die Allmacht Gottes prinzipiell jeder Kritik entzogen und mit dem Gefühl der eigenen Allmacht affektiv verbunden ist, stabilisiert sie dieses Gefühl. Die negative Folge ist, daß es für das Kind schwer wird, einen gesunden Wirklichkeitssinn zu entwickeln, da dies den Abbau des Gefühls der eigenen Allmacht voraussetzt. Die autoritative Einführung des Gottesbegriffes kann in Verbindung mit anderen Faktoren dazu führen, daß Wünsche und Phantasien über ein der Realität entsprechendes Denken dominieren, daß das Lustprinzip über das Realitätsprinzip herrscht.

Dieser Gedankengang impliziert die Behauptung, daß eine psychologisch absichtslose Vermittlung der Gottesvorstellung erhebliche Auswirkungen in der psychischen Dimension haben kann.

Eine Untersuchung von KOCH[2] über die christlich motivierte Sexualerziehung soll als drittes Beispiel herangezogen werden: KOCH hat 137 Aufklärungsbroschüren untersucht, die bis zum Dezember 1968, dem Untersuchungsbeginn, vertrieben wurden. Von diesen Broschüren stammen[3] 27 aus dem evangelischen und 69 aus dem katholischen Bereich; 41 lassen keinen konfessionellen Ursprung erkennen, sind aber überwiegend auch religiös ausgerichtet. Um zu quantitativen Ergebnissen zu gelangen, hat KOCH diese Schriften aussagenanalytisch[4] untersucht. Dabei geht er von folgender These aus, die er im Verlauf der Untersuchung empirisch be-

---

1) ebda S. 48

2) KOCH (1971)

3) cf KOCH (1971) S. 116f

4) Zu dieser Untersuchungstechnik cf 3.12

legt: "Die Informationen in den Kleinschriften zur Geschlechtserziehung erfolgen unter Vernachlässigung wesentlicher Erkenntnisse der wissenschaftlichen Forschung. An die Stelle sachlicher Aufklärung treten in den konfessionellen und überkonfessionellen Schriften ideologische Gehalte."[1] Als ideologisch bezeichnet er im Anschluß an GEIGER alle Aussagen, die für sich allgemeine Gültigkeit beanspruchen und sich der empirischen Überprüfung prinzipiell entziehen, "Aussagen also, 'die in ihrer sprachlichen Form und dem in ihnen ausgedrückten Sinne nach sich als theoretische Sachaussagen geben, die aber a-theoretische, nicht der objektiven Erkenntniswirklichkeit zugehörende Bestandteile enthalten.'"[2]

Er kommt zu dem Ergebnis, daß die christlich gebundenen Autoren quantitativ sehr viel stärker als die nichtchristlichen Autoren ausweichende Formulierungen verwenden, die ihren Ursprung in einem "latenten Manichäismus"[3] haben, in einem "Verständnis des Menschen, das seine eigentliche Würde im seelisch-geistigen Bereich sieht und dem Leib mit Skepsis und Verachtung gegenübersteht."[4] Zwar sind manifeste Formen der Abwertung des Leibes zugunsten des seelisch-geistigen Bereiches selten, es ist aber durchgehend die Neigung zu beobachten, "körperliche Fakten zu entsexualisieren, sowie ... sexuelle und physische Komponenten mit Begriffen zu umschreiben, die den Sachverhalt in psychische Dimensionen weisen."[5]

---

1) KOCH (1971) S. 10
2) ebda
3) ebda S. 85
4) ebda
5) ebda S. 88

KOCH kann aufgrund der von ihm verwandten Technik keine gesicherten Aussagen darüber machen, welche Wirkung der von ihm festgestellte Sachverhalt auf Menschen ausübt, die einer solchen Aufklärung ausgesetzt sind oder waren.[1)] Er verweist jedoch auf eine Reihe möglicher Folgen und behauptet generell: "Sexualpathologisches Verhalten resultiert nicht selten aus einer falsch gelehrten oder falsch verstandenen christlichen Einstellung zur Geschlechtlichkeit."[2)] Als Beispiel führt er einen Bericht der "Berliner Ärztlichen Lebensmüdenbetreuung" an, der belegt, daß der in den Aufklärungsschriften nachgewiesene latente Manichäismus erhebliche negative Auswirkungen auf das Leben von Menschen haben kann. In dem Bericht wird festgestellt, daß von 2197 Kranken 751 an "ekklesiogenen Neurosen"[3)] litten. Es waren "Patienten, die unter Zwangsgrübeleien und Selbstmordneigung litten, welche durch die Vorstellung bedingt wurden, daß Sexualität etwas Sündhaftes sei."[4)]

Ich habe versucht, mit drei Beispielen zu verdeutlichen, daß von kirchlicher und theologischer Arbeit behauptet wird, sie habe von ihr selbst nicht gewollte Auswirkun-

---

1) KOCH analysiert der Herkunft der Aussagenanalyse aus dem Gebiet der Erforschung von Aussagen der Massenkommunikationsmittel folgend von "den Feldern der Kommunikationsforschung - Kommunikator, Aussage, Rezipient und Wirkung - ... vornehmlich das Gebiet der Aussage" (ebda S. 115). Dadurch sind weder Angaben über die Einflüsse auf die Autoren (Kommunikatoren) noch auf die Leser (Rezipienten) zu gewinnen. Da aber die Wirkung der von ihm analysierten Aufklärung erst über ihre Angemessenheit bzw. Unangemessenheit entscheiden kann, zieht er im Hinblick auf die bei den Rezipienten ausgelösten Wirkungen allgemeine als gesichert angenommene Ergebnisse der Medizin, der Psychologie und der Pädagogik heran. (cf S. 116)

2) ebda S. 88

3) ebda

4) ebda

gen. TILLICH stellt Wirkungen auf das politische Leben fest. KLEIN konstatiert, daß eine autoritative Vermittlung des Gottesbegriffs in der Erziehung sich negativ auf die Erfahrungsfähigkeit der Kinder auswirkt. KOCH belegt pathologisches Verhalten als Folge kirchlich-gesellschaftlich vermittelter Ideologien, die aus dem Christentum stammen. Diese Behauptungen und Feststellungen sind nicht alle gleich gut belegt, sie sind aber alle so gravierend, daß Theologie und Kirche es als in ihrem eigenen Interesse liegend ansehen müssen, diese Thesen entweder zu widerlegen oder zu bestätigen und im Blick auf die dabei erzielten Ergebnisse ihr Handeln zu modifizieren.

1.12 Diskrepanz zwischen Theologie und Gemeindewirklichkeit

"Von 3492 Theologen, die zwischen 1955 und 1960 ihr Studium begannen, haben es 27 % abgebrochen. 1968 sollen es nach einer Teilstatistik 46 % gewesen sein; 18 % derer, die ihr erstes Examen ablegten, gingen nicht in den Kirchendienst."[1] Woran liegt das? Man kann sicher ohne die Gefahr einer Überinterpretation die Frage so stellen: Woran liegt die Unmöglichkeit bzw. Schwierigkeit von Theologiestudenten, sich mit dem Beruf zu identifizieren, auf den das theologische Studium hauptsächlich vorzubereiten vorgibt?

Eine Gruppe von Pfarramtskandidaten ist im Blick auf den hinter ihr liegenden Ausbildungsgang dieser Frage nachgegangen und hat als Hauptproblem, das Kritik und Reserve von Studenten gegenüber dem Pfarramt auslöst[2],

1) BORNÉ (1971) S. 361

2) cf GREIN et al. (1971) S. 372ff

die Diskrepanz zwischen Theologie und Gemeindewirklichkeit genannt, die "Diskrepanz zwischen ekklesiologischer Theorie und volkskirchlicher Praxis, die sich durch den Zwang zu Realitätsverleugnung, Verdrängung, Gewissensangst, Insuffizienzgefühl usw. zur dauernden Identitätskrise von Pfarrern auswachsen kann."[1)]

Diese Diskrepanz wird der theologischen Theorie angelastet, die ihre Reflexionen über Wesen und Aufgaben der Kirche nicht unter Berücksichtigung der tatsächlichen volkskirchlichen Situation anstellt, sondern in bewußtem Gegensatz zu dieser Situation. Das hat dazu geführt, daß sich die Kirche dem Studenten sehr diffus darstellt. Zwischen revolutionärem Pathos und reaktionärer Ordnungsideologie gibt es kaum eine Schattierung, die nicht in der Kirche vertreten ist. Dabei scheint es weder einen hermeneutisch geschichtlichen noch einen gegenwartsbezogenen Begründungszusammenhang zu geben, der eine überindividuelle Verbindlichkeit hat, die dem Studenten eine Orientierung ermöglicht. Deswegen steht der Student in der Gefahr, sich entweder irgendeiner theologischen Theorie anzuschließen, mit deren Hilfe er versucht, Aufgaben für eine spätere praktische Tätigkeit abzuleiten, die er ohne Kenntnis von Erfahrungswissenschaften nicht in die Praxis umsetzen kann, oder er verfällt aufgrund der mangelnden Einsichtigkeit der Verbindlichkeit theologischer Entwürfe der Gefahr einer sozialpsychologisch motivierten Reduktion der Theologie, hat dann aber keinen Bezugsrahmen für die Ableitung von Aufgaben oder Zielen seines kirchlichen Handelns.

Die Diskrepanz zwischen Theologie und Gemeindewirklichkeit, die sich wissenschaftlich in der ungeklärten Verhältnisbestimmung von Theologie und Erfahrungswissenschaften bzw. in der theologischen Reserve gegenüber diesen

---

1) ebda S. 374

Wissenschaften widerspiegelt, hat auch Auswirkungen auf bereits praktizierende Pfarrer. Das hat BORMANN (1968) in einer 'Studie zu Berufsbild und Berufswirklichkeit evangelischer Pfarrer in Württemberg' nachgewiesen. Er formuliert als Ergebnis seiner Untersuchung: "In ihrer Auseinandersetzung mit der Berufswirklichkeit fühlen sich die Pfarrer von der 'wissenschaftlichen' Theologie weitgehend allein gelassen."[1)]

Sie sind nicht in der Lage, selbständig ihre theologischen Zielvorstellungen auf den Kontext der Gemeindesituation, in der sie arbeiten, anzuwenden. Die Folge sind verschiedene Verarbeitungen des Problems der Unvereinbarkeit von Theologie und Gemeindesituation, die entweder die kirchliche Wirklichkeit theologisch überfremden oder aber die eigene kirchliche Praxis nicht mehr in den Horizont theologischer Reflexion stellen können: "Manchen gelingt es, sich von der Wirklichkeit weitgehend abzuschirmen, indem sie wie ihre theologischen Vorbilder die Vorstellungen zu Sachen machen (Kant) und die richtige Theologie für die eigentliche Wirklichkeit halten. Andere geben in einer Desillusionierung und Veralltäglichung ihre ursprünglichen Ziele auf. Die meisten leiden unter der immer neuen Infragestellung ihrer theologischen Grundanschauungen und ihrer damit verbundenen gesamten Weltansicht. Einige haben sich bewußt von dem Versuch einer Systematisierung ihrer Vorstellungen und ihres praktischen Verhaltens losgesagt und von den vorgegebenen theologischen Grundschemata der Universitäts-, Kirchen- und Gemeindetheologie distanziert; ihre Offenheit kommt ihrer Bemühung um eine operationale an der Wirklichkeit immer wieder korrigierte Theorie zugute."[2)]

---

1) BORMANN (1968) S. 206

2) ebda

1.13 Defizit an handlungsorientierendem Wissen

Im Vorigen wurde versucht zu zeigen, daß erstens theologische und kirchliche Arbeit ihre eigenen Auswirkungen nicht kennt oder gar bewußt plant und daß zweitens theologisch abgeleitete Zielvorstellungen und kirchliche Gemeindewirklichkeit sehr unvermittelt nebeneinander stehen. Diese beiden Sachverhalte fasse ich in dem Satz zusammen:

Theologische und kirchliche Arbeit weisen ein Defizit an handlungsorientierendem theologischem Wissen auf. Dabei verstehe ich unter handlungsorientierendem theologischem Wissen solches Wissen, das aus der christlichen Tradition abgeleitete Zielvorstellungen mit Ergebnissen der Erfahrungswissenschaften[1)] verbindet und so zu einer verantworteten Steuerung kirchlicher Prozesse beitragen kann.

Ich sehe im Bereich wissenschaftlicher Theologie, der im Fortgang der Arbeit interessiert, drei wesentliche Schwierigkeiten, die die notwendige Erarbeitung handlungsorientierenden theologischen Wissens erschweren oder verhindern:

1. Es besteht Unsicherheit darüber, wie man Ergebnisse anderer Wissenschaften integrieren soll. Das Problem liegt hierbei nicht darin, daß man ideologische Vorbehalte gegenüber erfahrungswissenschaftlichen Forschungsmethoden und Ergebnissen hat. Die Schwierigkeit besteht vielmehr darin, daß verschiedene Wissenschaften sich mit einem Problem- oder Sachbereich beschäftigen und

---

1) Zunächst und vor allem sind damit Soziologie, Psychologie und Sozialpsychologie gemeint. Darüber hinaus sind z.B. Ethologie, Humanbiologie und (psychosomatische) Medizin notwendige Gesprächspartner für die Theologie.

daß es innerhalb dieser Wissenschaften verschiedene Schulen, Richtungen etc. gibt, die aufgrund verschiedenartiger Methodik zu verschiedenen Ergebnissen kommen, die nicht ohne weiteres miteinander verglichen bzw. in Beziehung gesetzt werden können. Die Theologie als Wissenschaft hat hier Teil an allgemeinen Schwierigkeiten wissenschaftlicher Theoriebildung.

2. Handlungsorientierendes theologisches Wissen kann - wie oben gezeigt wurde - nicht ohne Bezug auf christliche Traditionen gewonnen werden, und das bedeutet mit Hilfe der Analyse und Interpretation von Texten. Es gibt aber m.W. bislang kein hermeneutisches Verfahren, das eine kontrollierte, nachvollziehbare Umsetzung vergangener (in Texten niedergelegter) Erfahrung in gegenwärtige Gestaltung ermöglicht. Hier liegen Schwierigkeiten theologischer Hermeneutik, die eine Vermittlung theologischer Theorie mit kirchlicher Praxis verhindern.[1)]

---

1) Zwei Beispiele sollen das belegen: Die theologischen Entwürfe von BULTMANN und PANNENBERG haben dazu beigetragen, daß die Zersplitterung der Theologie in Einzeldisziplinen, die ihre Fragestellungen in immer stärker werdender Spezialisierung vorantrieben, partiell überwunden wurde. Das war nur möglich, weil beide ein philosophisches Kategoriensystem zur Voraussetzung ihrer Hermeneutik machten, von dem sie annahmen, daß man sich darüber intersubjektiv verständigen konnte. BULTMANNs anthropologische Theorie hat zwei hermeneutische Konsequenzen, die sie für die Erarbeitung handlungsorientierenden Wissens untauglich macht. Erstens: "... das Wesen echten Verstehens ... setzt gerade die äußerste Lebendigkeit des verstehenden Subjekts, die möglichst reiche Entfaltung seiner Individualität voraus." (BULTMANN 1950, S. 230) Zweitens: "Im tatsächlichen Vorgang der Exegese steht die historische und die theologische Exegese in einem nicht analysierbaren Zusammenhang, weil ja die echte historische Exegese auf der existentiellen Begegnung mit der Geschichte beruht, also mit der theologischen zusammenfällt, ..." (BULTMANN 1925, S. 72) Die starke Betonung des Individuums als Instanz der Ableitung kategorialer Forschungsfragen verhindert eine Ableitung von Forschungsfragen, die nicht das 'Selbstverständnis' des Interpreten als Ausgangspunkt haben,

3. Viele Theologen und theologische Schulen wollen ihre Arbeit nicht als die Erarbeitung handlungsorientierenden theologischen Wissens verstehen, weil sie die dazu notwendige Operationalisierung und Überprüfung religiöser Begriffe für illegitim oder undurchführbar halten. Dabei steht eine theologische Differenzstruktur im Hintergrund, die Aussagen über Gott von denen über die Welt z.B. oder Aussagen über das Wesen der Kirche von solchen

---

sondern etwa eine realgeschichtliche Theorie-Praxis-Vermittlung kirchlichen Handelns intendieren. Dadurch, daß in BULTMANNs Arbeit historische und theologische Exegese untrennbar miteinander verbunden sind, ist es zudem ausgeschlossen, seine Ergebnisse mit anderen Fragestellungen zu vermitteln.
PANNENBERG stellt den Gedanken der Prolepse in den Mittelpunkt seiner universalgeschichtlichen Konzeption: "Die universale Offenbarung der Gottheit Gottes ist noch nicht in der Geschichte Israels, sondern erst im Geschick Jesu von Nazareth verwirklicht, insofern darin das Ende alles Geschehens vorweg ereignet ist." (PANNENBERG 1961, S. 103) Dieses vorwegereignete Ende der Geschichte erst ermöglicht eine universalgeschichtliche Hermeneutik. Denn "die Geschichte (wird) als Ganzes nur sichtbar, wenn man an ihrem Ende steht." (ebda S. 104) Zugleich muß aber erwiesen werden, daß die Geschichte sich als Selbsterweis Gottes auf dieses Ende hin angemessen interpretieren läßt. Hermeneutischer Leitfaden und historische Forschung begründen sich also gegenseitig in einer zirkulären Struktur. Dadurch tritt die in welcher Form auch immer gestellte Frage nach der Erarbeitung handlungsorientierenden Wissens in den Hintergrund. Anders ausgedrückt: Wenn im Mittelpunkt der Arbeit der Aufweis der Berechtigung des hermeneutischen Leitfadens steht, auf den hin auch neu auftretende geschichtliche Phänomene immer interpretiert werden müssen (cf z.B. RENDTORFF 1961, S. 129f), entsteht die Gefahr, daß theologische und historische Forschung Geschichte fortlaufend interpretiert, aber nicht aktiv gestaltet. Hier bleiben PANNENBERG und RENDTORFF in der philosophischen Tradition HEGELs: "Wenn die Philosophie ihr Grau in Grau malt, dann ist eine Gestalt des Lebens alt geworden, und mit Grau in Grau läßt sie sich nicht verjüngen, sondern nur erkennen; die Eule der Minerva beginnt erst mit der einbrechenden Dämmerung ihren Flug." (HEGEL 1821, S. 17)

über die soziologisch feststellbare Vorfindlichkeit der Kirche scharf trennt.[1)]

---

1) Das ist besonders für die Theologie BARTHs schon mehrfach nachgewiesen worden. (cf z.B. SCHWARZ 1969, S. 139ff und DAHM 1971, S. 131f, der 132f diese Denkstruktur auch für KÄSEMANN und MOLTMANN einleuchtend aufzeigt.)
Diese Differenzstruktur wird in der wissenschaftlichen Entwicklung fortgeschrieben als theologische Reserve gegenüber vorhandenen oder möglichen Ergebnissen anderer Wissenschaften, wenn diese das Christentum mit profanen Methoden analysieren. Als Beispiel dafür kann der Aufsatz 'Didaktik und Homiletik' von H.B.KAUFMANN dienen. Dieses Beispiel ist besonders deswegen interessant, weil der Autor in diesem Aufsatz ein Plädoyer für die Aufnahme operationaler Fragestellungen in die Theologie führt.
H.B. KAUFMANN stellt von der Religionspädagogik her, die bereits weitgehend lerntheoretische Ergebnisse aufgenommen hat, die Frage an die Homiletik, ob sie "bereit ist, die Erfahrungen und Veränderungen des Hörers als einen Lernprozeß und die Predigt als eine Maßnahme und ein Angebot zu verstehen, durch die Lernprozesse ausgelöst, gefördert und beeinflußt werden sollen." (KAUFMANN 1972, S. 62) Wie aber ist dann das Verhältnis von lerntheoretischen und theologischen Aussagen über den Glauben? Unter der Voraussetzung, daß man erfahrungswissenschaftliche Ergebnisse über den Glauben als wichtig für die Homiletik akzeptiert, "muß man 'Glaube' so interpretieren, daß die theologische Aussage, Gott allein wirke den Glauben des Menschen durch sein Wort, die anthropologische und didaktische Aussage, Glaube sei durch Lernerfahrungen und Lernprozesse bedingt, die ihrerseits beeinflußbar sind, nicht ausschließt, sondern einschließt." (ebda) Nun bleibt hier zwar offen, in welchem Sinne das "einschließt" zu verstehen ist. Deutlich ist aber, daß der Satz 'Gott allein wirkt den Glauben durch sein Wort' aller lerntheoretischen und anthropologischen Fragestellung vorgeordnet bleibt. Unter der operationalen Fragestellung geht es doch aber gerade darum festzustellen, wieso dieser Satz von einzelnen Menschen behauptet bzw. akzeptiert wird, welche anthropologischen Erfahrungen ihn bedingen und welche Funktion er im Leben der Menschen hat. Wird er so vorgeordnet, wie H.B. KAUFMANN das hier tut, wird er als Obersatz, der in Verbindung mit anthropologischen Wissenschaften Detailanalysen über die Vermittlung von Glaubensinhalten ermöglicht, der Kritik durch die Anthropologie entzogen, und damit bleibt die Frage nach der Legitimität religiöser Rede überhaupt unthe-

1.2 Konsequenzen für die Theologie

1.21 Integration von Ergebnissen der Erfahrungswissenschaften

Wenn die Theologie den Verantwortungsbereich, der ihr aus der Einsicht in die erfahrungswissenschaftlich feststellbaren Auswirkungen des ihr zugeordneten Praxisbereiches, der Kirche, erwächst, bewußt annehmen will, so ist sie darauf angewiesen, ihre Fragestellungen und Zielsetzungen mit Ergebnissen der Erfahrungswissenschaften zu vermitteln. Dabei haben diese Ergebnisse für die Theologie eine dreifache Bedeutung: Sie geben erstens eine Analyse der Gesamtheit des Kontextes, in dem kirchliches Handeln sich vollzieht, speziell eine Analyse der an die Kirche gerichteten Erwartungen und der sie betreffenden individuellen und gesellschaftlichen Bedürfnisse. Sie analysieren zweitens die Auswirkungen kirchlicher Arbeit. Sie geben drittens Techniken an die Hand, mit deren Hilfe theologische Zielsetzungen in Handlungsstrategien umgesetzt und effektiv durchgesetzt werden können. In der ersten Bedeutung beeinflussen die Ergebnisse der Erfahrungswissenschaften die Zielreflexion, in der zweiten modifizieren und in der dritten optimieren sie kirchliches Handeln. In allen drei Bedeutungen sind sie für die Steuerung kirchlicher Prozesse relevant.

---

matisiert. Dieser Frage kann nur dann nachgegangen werden, wenn man akzeptiert, daß der Satz 'Gott wirkt den Glauben' und der Satz 'Glaube wird durch Lernerfahrungen bedingt' sprachlich nicht auf derselben Ebene liegen, demzufolge miteinander nicht ohne weiteres verglichen werden können, einander auch nicht 'einschließen' können, sondern nur im Blick auf außer ihnen liegende Kriterien, etwa eines theologischen Systems und der methodischen Forderungen empirischer Forschung, beurteilt werden können. Eine Vermittlung dieser beiden Sätze und ihrer unterschiedlichen Beurteilungskriterien kann nur auf dem Umweg über eine anthropologische Theorie religiöser Rede oder besser religiöser Symbole geleistet werden.

Handlungsorientierend können diese Ergebnisse jedoch nur dann sein, wenn sie mit theologischen Zielvorstellungen vermittelt werden. Geschieht das nicht, führt die Integration der Erfahrungswissenschaften zu einem richtungslosen Pragmatismus und zur effektivierten Fortschreibung der zur Zeit ablaufenden kirchlichen Prozesse.

1.22 Doppelter Einsatzpunkt theologischen Denkens bei der Situationsanalyse und der Zielbestimmung

Wenn die Diskrepanz zwischen theologischer Theorie und kirchlicher Wirklichkeit, die das Handeln der Amtsträger der Kirche sehr erschwert bzw. Studenten von der Wahrnehmung von Aufgaben in der Kirche abhält, überwunden werden soll, müssen zwei Prozesse eingeleitet oder intensiviert werden:

Erstens muß die faktisch bestehende enge personelle und institutionelle Verflochtenheit von Theologie und Kirche auf das Niveau einer reflektierten und organisatorisch abgesicherten Vermittlung von Theologie als praxisorientierter Forschung und Lehre und Kirche als theoriegeleiteter Institution gehoben werden.

Zweitens muß die Theologie als Voraussetzung einer solchen Verbindung von Theorie und Praxis stärker und konkreter als bisher eine doppelte Denkbewegung vollziehen. Sie soll zwar einerseits von ihren Fragestellungen ausgehend Zielbestimmungen und Auftragsbeschreibungen für kirchliches Handeln entwickeln. Sie soll aber andererseits von der Situationsanalyse ausgehend Erwartungen, Randbedingungen und Handlungschancen analysieren, ihre Zielbestimmungen daran ausrichten und davon korrigieren lassen. Beides ist prinzipiell untrennbar miteinander verbunden, tritt jedoch im Forschungsprozeß oft auseinander. Die oben angeführten Äußerungen über die Diskrepanz zwischen theologischer Theorie und kirchlicher Wirklichkeit machen deutlich, daß die theologische Theorie insofern als defizitär empfunden wird, als sie nicht die Denkbewegung von der kirchlichen Wirklichkeit zur Theologie hin vollzieht, sondern einseitig von der Reflexion des Auftrags ausgeht.

Im Gegensatz zu dieser Denkbewegung theologischer Theorie hat DAHM (1971) den Versuch gemacht, in bewußter Einseitigkeit "einmal umgekehrt als sonst üblich vorzugehen: nämlich bei der Erörterung und Problematisierung der Funktionen zu beginnen und auf diesem Wege Bausteine für eine Theorie des kirchlichen Handelns zu gewinnen."[1] Sein Gedankengang soll ein Stück weit verfolgt werden, um erstens einen wichtigen Aspekt der Situationsanalyse, den der gesellschaftlichen Erwartungen an die Kirche, als Hintergrundsinformation zu haben und um zweitens zu sehen, auf welcher sprachlichen Ebene Aussagen liegen, die von der Analyse der kirchlichen Wirklichkeit her formuliert sind und mit denen theologische Zielbestimmungen vermittelbar sein müssen.

DAHM geht bei seinem Versuch, gesellschaftliche, auf die Kirche bezogene Erwartungen zu systematisieren, von demoskopischen Erhebungen aus der Zeit zwischen 1966 und 1971 aus.[2] Es ist festgestellt worden, daß 90 % der Bevölkerung der BRD die Existenz von "so etwas wie Kirche" grundsätzlich bejaht. Dabei ist deutlich, daß nicht das Interesse an theologischen Fragen der Hauptgrund für diese positive Stellungnahme ist.[3] Der Haupt-

---

1) DAHM (1971) S. 100
DAHM kritisiert, "daß in den zeitgenössischen theologischen Entwürfen zum Thema Kirche zu wenig Hilfen zur Bewältigung der Differenz zwischen dem 'Auftrag' und den 'Alltagsfunktionen' der Kirche angeboten und entfaltet werden." (ebda)

2) ebda S. 105

3) Belege ebda S. 106

grund ist vielmehr die Zuschreibung zweier Funktionsbereiche, deren Wahrnehmung die Mehrheit der Bevölkerung für wichtig hält: "Wir meinen erstens einen 'Funktionsbereich der Darstellung und Vermittlung von grundlegenden Werten' und wir meinen zweitens einen 'Funktionsbereich der helfenden, vor allem emotionalen Begleitung in Krisensituationen und an Knotenpunkten des Lebens'."[1]

---

1) ebda S. 117 Erläuterung dieser beiden Bereiche cf ebda S. 117ff.
DAHMs Versuch, das "Berufsfeld des Pfarrers in der Sicht einer 'funktionalen Theorie' des kirchlichen Handelns" (ebda S. 99ff) darzustellen, schließt sich an die soziologische Theorie des Funktionalismus an (ebda S. 100f) und teilt deren Schwächen.
In der soziologischen Diskussion sind abgesehen von methodologischer Kritik im wesentlichen zwei Einwände gegen den Funktionalismus vorgetragen worden: Der Funktionalismus setzt die "Isomorphie der sozialen Systeme" (JONAS 1968/69 Bd. 4, S. 170) voraus und kann deswegen den sozialen Wandel und sozialen Konflikt nicht ausreichend berücksichtigen. (cf besonders DAHRENDORF 1967, S. 265ff und derselbe 1961, S. 209ff) Zusammenfassende Darstellung und Zusammenfassung der Kritik bei JONAS 1968/69 Bd. 4, S. 143ff und HARTMANN 1967, S. 2ff.
Die Rezeption des Funktionalismus für eine Theorie kirchlichen Handelns birgt deswegen als Gefahr in sich, daß die kirchliche Wirklichkeit nicht verändert oder kritisiert wird, sondern daß aufgrund der Analyse der Funktionen der Kirche, die ihr von außen zugeschrieben werden und deren Erfüllung zweifellos zur Integration und Stabilisierung der Gesellschaft beiträgt, die kirchliche Wirklichkeit ohne verändernde Zielsetzung fortgeschrieben wird. DAHM weist selbst auf die Notwendigkeit hin, den Funktionalismus mit der 'kritischen Theorie', deren Analysen auf Veränderung zielen, zu verbinden. Seine "Vermutung, ... daß beide Methoden in einer Art dialektischer Arbeitsteilung aufeinander bezogen werden müßten" (DAHM 1971, S. 302), bleibt jedoch so lange unbefriedigend als nicht Kriterien angegeben werden, die die Annahme oder Ablehnung einzelner Theorieelemente beider Theorien begründen.

Ob Theologie und Kirche diesen Erwartungen handelnd entsprechen sollen oder ob sie den Versuch machen sollen, sie zu verändern, kann erst entschieden werden, wenn der Weg von der theologischen Zielreflexion zur kirchlichen Wirklichkeit hin beschritten worden ist. Erst dann kann die Analyse gesellschaftlicher Erwartungen an die Kirche zu einem integralen Bestandteil handlungsorientierenden theologischen Wissens werden.

1.23 Erarbeitung handlungsorientierenden theologischen Wissens (drei Leitfragen)

Die zusammenfassende Konsequenz aus dem bisher Gesagten ist die Forderung nach der Erarbeitung handlungsorientierenden theologischen Wissens. Vorbereitende Erwägungen dazu zu formulieren, ist das Ziel dieser Arbeit, und zwar in der Denkbewegung von der Theologie auf die kirchliche Wirklichkeit hin. Diese vorbereitenden Erwägungen zielen auf die drei in 1.13 genannten Schwierigkeiten, die der wissenschaftlichen Theoriebildung, die theologischer Hermeneutik und die der Operationalisierung religiöser Begriffe. Erst Lösungen dieser Schwierigkeiten der wissenschaftlichen Theologie würden den Beginn einer kontrollierten Steuerung kirchlicher Prozesse ermöglichen. Ich formuliere diese drei Probleme noch einmal als Leitfragen für diese Arbeit:

1. Wie kann die Theologie Ergebnisse der Erfahrungswissenschaften, die unter differenten Fragestellungen und mit unterschiedlichen methodologischen Strategien gewonnen wurden, gleichzeitig rezipieren?

2. Wie kann die Theologie Ergebnisse vergangenheitsbezogener und gegenwartsbezogener Analysen vergleichbar machen, damit vergangene Erfahrungen als mögliche Motive und Hilfe für gegenwärtige Gestaltung erkennbar werden?

3. Wie kann die Theologie bei der Analyse ihrer zentralen Inhalte im Rahmen eines allgemeinen Wissenschaftsbegriffs und methodologisch im Bereich erfahrungswissenschaftlicher Forschungsstrategien bleiben, ohne die Eigenart ihrer Inhalte aufzugeben?

1.3 Gegenstand und Verlauf der Untersuchung

TILLICHs theologisches Denken soll unter diesen Fragestellungen analysiert werden. Denn er ist unter denjenigen Theologen, deren Werk abgeschlossen vorliegt, der gewesen, der die beiden Ausgangsprobleme gesehen und versucht hat, sie in seiner Theologie zu berücksichtigen:

TILLICH hat 1933 auf nicht intendierte, in seinen Augen gefährliche Konsequenzen theologischer und kirchlicher Arbeit hingewiesen (cf 1.11). Er hat aber auch unter Bezugnahme auf die Psychoanalyse "auf die oft schockierenden Einsichten in die psychologischen Konsequenzen des traditionellen Gebrauchs"[1] der religiösen, auf Gott bezogenen Symbole Herr und Vater hingewiesen und kritisiert, daß Pastoren und Theologen es ablehnten, auf die Auswirkungen dieser Symbole zu achten.[2]

Das Problem der Diskrepanz zwischen Theologie und Wirklichkeit (cf 1.12) ist für TILLICH als Polarität von "Botschaft und Situation"[3] so wichtig gewesen, daß er Situationsanalyse auf der einen und theologische Deutung auf der anderen Seite zum Gliederungsprinzip für jeden Abschnitt seiner 'Systematischen Theologie' gemacht hat.[4]

---

1) STH I, S. 331
2) cf ebda
3) ebda S. 9
4) Von daher ist DAHMs Hoffnung verständlich, daß "einige der Ansätze und Versuche der sowohl von Schleierma-

Deswegen erscheint die Vermutung gerechtfertigt, daß in der Theologie TILLICHs Antworten auf die drei Leitfragen liegen oder daß hier Ansätze dazu gefunden werden können, die weiterentwickelt werden können. Dabei scheint auf der Suche nach möglichen Antworten auf die erste[1] und die zweite Leitfrage eine Analyse der Methode der Korrelation und ihres hermeneutischen Zusammenhanges am ehesten erfolgversprechend. Die dritte Leitfrage legt eine Rezeption bzw. eine Umformulierung des TILLICHschen Symbolbegriffs nahe. Die Methode der Korrelation und der Symbolbegriff,die aus dem Zusammenhang der Theologie TILLICHs heraus erklärt werden müssen, stehen demzufolge im Mittelpunkt der folgenden Analyse. Beides steht auch inhaltlich in einem engen Zusammenhang: Die Hermeneutik der Korrelation ist einerseits der Rahmen für den Symbolbegriff, andererseits liegt im Symbolbegriff eine Spezifizierung der hermeneutischen Theorie vor, die auch Auswirkungen auf die gesamte theologische Hermeneutik hat.

Daraus ergibt sich folgender Ablauf der Arbeit. Zunächst gebe ich in parallelen Abschnitten über die Methode der Korrelation und den Symbolbegriff eine Darstellung, die jeweils Problemstellung, Interpretation und Kritik um-

---

cher als auf andere Weise von Hegel und später von Tillich inspirierten 'neuprotestantischen Theologie' ... weiterhelfen" (DAHM 1971, S. 142) könnten, wenn eine theologische Theorie kirchlichen Handelns erstellt werden soll, die theologisch begründet und auf die gegenwärtige kirchliche Situation bezogen ist.

1) TILLICHs 'System der Wissenschaften' von 1923 (WW I, S. 109ff) erweist sich als nicht geeignet für die Beantwortung der ersten Leitfrage, weil es TILLICH hier um "einen Überblick über das Ganze des Erkennens" (WW I, S. 111), nicht aber um eine problemorientierte Aufnahme von Ergebnissen anderer Wissenschaften geht. Zudem ist das 'System der Wissenschaften' die Integrationsfunktion der Theologie betreffend ein Vorläufer der Methode der Korrelation. TILLICH hat das selbst so gesehen. (cf WW VII, S. 25)

faßt (2.). In 3.1 versuche ich, einige methodologische Konsequenzen zu skizzieren, die sich aus dem Zusammenspiel von den ersten beiden Leitfragen und der Kritik an der Methode der Korrelation ergeben. Im Abschnitt 3.2 sollen Teile des Symbolbegriffs TILLICHs so umformuliert werden, daß ihre erfahrungswissenschaftliche Reflexion möglich wird.

2. Darstellung und Kritik der Methode der Korrelation und des Symbolbegriffs Paul TILLICHs

2.1 Methode der Korrelation

2.11 Ausgangsprobleme

2.111 Biographische Voraussetzung: Auf der Grenze von 19. und 20. Jahrhundert

TILLICH weist in autobiographischen Rückblicken mehrfach auf die Bedeutung hin, die der 1. Weltkrieg für ihn gehabt hat, den er vor dem Hintergrund einer Erziehung in der bürgerlich idealistischen Tradition des 19. Jahrhunderts erlebt hat. "Belonging to the nineteenth century implies life in relatively peaceful circumstances and recalls the highest flourishing of bourgeois society in its productive grandeur."[1] Die Verwurzelung TILLICHs im 19. Jahrhundert wird auch deutlich, wenn man die starke Bedeutung, die SCHELLING für sein Denken gehabt hat, berücksichtigt. (cf 2.113)

Das 19. Jahrhundert und mit ihm die bürgerliche Kultur enden für TILLICH am 1. August 1914, dem Tag, an dem der 1. Weltkrieg ausbricht.[2] Nach dem Krieg, an dem TILLICH als Feldprediger teilnimmt, wird TILLICH Privatdozent in Berlin. Die geschichtliche Situation dieser Zeit bezeichnet er als 'kreatives Chaos'. "The political problems determined our whole existence; even after revolution and inflation they were matters of life and death. The social structure was in a state of dissolution, the human relations with respect to authority, education, family, sex, friendship, and pleasure were in a creative chaos. Revolutionary art came into the foreground,

---

1) Autobiographical Reflections, S. 3

2) ebda: "The fact that I was born on the 20th of August, 1886, means that a part of my life belongs to the nineteenth century, especially if one assumes the nineteenth century to end (as one should) with August 1, 1914, the beginning of the First World War."

supported by the Republic, attacked by the majority of the people. Psychoanalytic ideas spread and produced a consciousness of realities which had been carefully repressed in previous generations."[1]

TILLICH ist nicht der einzige Theologe, für den der Weltkrieg und die darauf folgende Zeit einen Bruch, einen schöpferischen Neuanfang bedeuten.

BARTH schreibt zurückblickend: "Mir persönlich hat sich ein Tag am Anfang des Augusts jenes Jahres (1914) als der dies ater eingeprägt, an welchem 93 deutsche Intellektuelle mit einem Bekenntnis zur Kriegspolitik Kaiser Wilhelms II. und seiner Ratgeber an die Öffentlichkeit traten, unter denen ich zu meinem Entsetzen auch die Namen so ziemlich aller meiner bis dahin gläubig verehrten theologischen Lehrer wahrnehmen mußte."[2]

Die durch den 1. Weltkrieg ausgelöste Krisenstimmung bemächtigt sich großer Teile einer Theologengeneration. Sie sehen eine Welt zusammenbrechen und haben das Gefühl, "zwischen den Zeiten" zu stehen[3], wie es GOGARTEN 1920 ausdrückt.

Man kann nicht mehr formulieren wie HARNACK im Wintersemester 1899/1900: "Es ist ein hohes, herrliches Ideal, welches wir hier von der Grundlegung unserer Religion her erhalten haben, ein Ideal, welches unserer geschichtlichen Entwicklung als Ziel und Leitstern vorschweben soll. Ob die Menschheit es je erreichen wird, wer kann es sagen? aber wir können und sollen uns ihm nähern, und heute fühlen wir bereits - anders als noch vor zwei- oder dreihundert Jahren - eine sittliche Verpflichtung in dieser Richtung, und die zarter und darum prophetisch unter uns Empfindenden blicken auf das Reich der Liebe und

---

1) ebda S. 13

2) BARTH (1957) S. 6

3) GOGARTEN (1920) S. 95

des Friedens nicht mehr wie auf eine bloße Utopie."[1]

Gegenüber diesem milden spätbürgerlich-idealistischen Kulturoptimismus setzt ein theologischer Protest ein, der am prägnantesten in der ersten Auflage des Römerbriefes von BARTH zum Ausdruck kommt. Hier werden menschliches Handeln und menschliche Geschichte scharf von dem göttlichen Handeln und der Heilsgeschichte getrennt. Es wird in Abrede gestellt, daß es eine Annäherung des Menschen an Gott in irgendeiner Weise geben kann, und es wird die Aufgabe gestellt: Die Theologie muß ihr vom Neuprotestantismus vernachlässigtes Thema wiedergewinnen: die Gottheit Gottes, der nicht ein Objekt menschlich-wissenschaftlicher Betrachtung, sondern Subjekt seiner souveränen Offenbarung in Jesus Christus ist. In dieser Absicht, in dem antiidealistischen Protest und dem erdrükkenden Gefühl, an einer Zeitenwende zu stehen, weiß sich eine große Zahl der damalig jungen Theologen eins. Hier liegt der Ausgangspunkt der sogenannten 'dialektischen Theologie'. Sie entwickelt sich dann im wesentlichen um die schulbildenden Theologen BARTH und BULTMANN.

TILLICH teilt mit den Vertretern der 'dialektischen Theologie' Freund und Feind. Dies wird klar, wenn er schreibt: Es war "mir leicht, die Verbindung zur Barthschen Theologie und zur Kierkegaard-Heideggerschen Analyse der menschlichen Existenz zu finden."[2] Auch den Hauptgegner teilt er mit BARTH und BULTMANN: "Schwer dagegen, ja unauffindbar blieb mir der Zugang zur liberalen Dogmatik, für die an die Stelle des gekreuzigten Christus der historische Jesus tritt und die Paradoxie der Rechtfertigung durch moralische Kategorien aufgelöst wird."[3]

1) HARNACK (1900) S. 72
2) WW XII, S. 32
3) ebda

TILLICH scheut sich jedoch vor dem schroffen Neubeginn der 'dialektischen Theologie'. Er ist kein Denker, der trennende Grenzen zieht, der Traditionen abschneidet; sondern er ist ein Denker auf der Grenze von Gebieten, die er miteinander verbinden will. Zwei solcher Verbindungsversuche sind für die Darstellung der Methode der Korrelation wichtig, die Verbindung von Dialektik und Apologetik und von Idealismus und 'Existentialismus'.

2.112 Dialektik und Apologetik

BARTH und TILLICH haben 1923/24 in den 'Theologischen Blättern' eine Diskussion um ihren jeweiligen theologischen Ansatz geführt,[1] der über eine trockene Abhandlung theologischer Probleme hinaus Licht auf ihre existentiellen Grundentscheidungen und theologischen Intentionen wirft.

TILLICH beginnt diese Auseinandersetzung mit einer Würdigung der "radikalen Kritik"[2] BARTHs und will diese Kritik in ihrer Wirksamkeit auf keinen Fall abschwächen, sondern vielmehr alles dazu tun, "den Stachel dieser Kritik in weiten Kreisen innerhalb und außerhalb der Kirche fühlbar zu machen."[3] Aber schon in dem Teil, in dem TILLICH auf BARTH positiv Bezug nimmt, wird in der Wahl der Begrifflichkeit ein Teil der Differenz zu BARTH deutlich: "Wer das Verhältnis von Unbedingtem und Bedingtem undialektisch sieht, der sieht es überhaupt nicht, ... Darum müssen wir uns entschlossen auf die Seite von Barth, ... stellen. Ein unmittelbares, unparadoxes, nicht durch das ständige radikale Nein hindurch-

---

1) jetzt in WW VII, S. 216ff
2) ebda S. 216
3) ebda

gehendes Verhältnis zum Unbedingten ist kein Verhältnis zum Unbedingten, sondern zu einem Bedingten, das den Anspruch macht, unbedingt zu sein, das heißt zu einem Götzen."[1] TILLICH formuliert diese Kritik nicht klar theologisch von Gott als Kritisierendem oder kritischem Prinzip her, sondern vom 'Unbedingten' als kritischem Prinzip her.[2] Er arbeitet hier im Gegensatz zu BARTH bewußt mit philosophischen Begriffen. Er selbst hat sich auch als Denker 'auf der Grenze von Theologie und Philosophie' gesehen.[3]

TILLICH weist auf einen zweiten Unterschied zwischen sich und BARTH hin: "Barth beruft sich mit Recht auf die reformierte Theologie. Der Dualismus zwischen profaner und heiliger Sphäre ist unter der Auswirkung der reformierten Theologie zu weltgeschichtlicher Bedeutung gelangt. Die Profanisierung und Entleerung des gesamten kulturellen Lebens auf der einen Seite, die Primitivisierung des religiösen Lebens auf der anderen Seite ist eine sichtbare Folge dieser Haltung".[4] Demgegenüber stellt sich TILLICH unter Hinweis auf seinen Versuch, die Gedanken HEGELs und SCHLEIERMACHERs fortzuführen, bewußt in die lutherische Tradition, "deren geistesgeschichtliche Bedeutung gerade darin besteht, daß immer neue Versuche zur Überwindung der profanen Autonomie durch eine gefüllte, theonome hervorgegangen sind."[5]

---

1) ebda S. 216f

2) Darauf hat BARTH in seiner Erwiderung hingewiesen: "'Vom Unbedingten her.' Du sprichst ein großes Wort ...! Von Gott scheint hier die Rede zu sein? Warum dieses Versteckspiel mit dem frostigen Ungeheuer 'das Unbedingte'?" (BARTH 1923, S. 231)

3) cf WW XII, S. 31

4) WW VII, S. 243

5) ebda; cf auch TILLICHs Darstellung des 'Infra Lutheranum' und des 'Extra Calvinisticum' (Autobiographical Reflections, S. 5)

Die Darstellung der Abgrenzung TILLICHs von der 'dialektischen Theologie' wird unscharf, wenn sie an der Verwendung des Begriffes Dialektik festgemacht wird. Denn TILLICH lehnt Dialektik als Grundfigur theologischen Denkens nicht nur nicht ab, sondern erhebt den Anspruch, selbst dialektisch zu denken.[1] TILLICH lehnt Dialektik nur dann ab, wenn das Wort im Sinn von Diastase gemeint ist, wenn es also eine scharfe Trennung zwischen Gott und Mensch, zweischen Heilsgeschichte und Geschichte meint. Wenn nämlich Dialektik in diesem zweiten Sinn im Bereich der Theologie verwandt wird, verhindert sie eine apologetische Theologie. Und das wirft TILLICH BARTH vor. Der entscheidende Punkt, an dem sich die unterschiedlichen Standpunkte ausprägen - darin hat BARTH[2] zweifellos recht -, ist die Christologie. TILLICH vertritt, sich bewußt in die Tradition der Apologeten stellend, eine Logoschristologie, die er mit Hilfe von personalen und ontologischen Kategorien expliziert. Das bedeutet, daß TILLICH an anthropologische und ontologische Fakten und Probleme anknüpft. Diese apologetische[3] Seite TILLICHschen Denkens hat schon 1912 in einer kleinen Schrift[4] ihren Ausdruck gefunden: TILLICH will durch intensive Kommunikation lernen, die christliche Botschaft wirklich an Menschen zu richten, nicht an ihnen vorbei-, oder über sie hinwegzureden, sondern sie anzureden. Zu diesem Zweck hat er bekannte Familien gebeten, daß

---

1) TILLICH wirft BARTH vor, daß er nicht dialektisch denke. Denn Dialektik setze als Bedingung ihrer selbst eine Position voraus. Es müsse etwas Positives geben, das eine Negation überhaupt erst ermögliche. Die Anerkennung dieser der Negation vorausliegenden Position als Ermöglichung dialektischen Denkens vermißt TILLICH bei BARTH. (cf WW VII, S. 217f)

2) BARTH (1923) S. 235

3) Hier ist darauf zu achten, daß TILLICH den Begriff 'apologetisch' positiv bestimmt (cf STH I, S. 12ff)

4) 'Kirchliche Apologetik'

sie ihm und anderen Vortragenden ihre Salons zur Verfügung stellten. Dort hat er vorgetragen und diskutiert. Er weiß sich dabei von der theologischen Tradition gestützt: "Selbst die Theologie hat ... von dem Logos gesprochen, der in jüdischer und heidnischer Geschichte sich offenbarend auf die vollkommene Offenbarung hinführt. Es dürfte der Theologie nicht verwehrt sein, diesen Weg nachzugehen und sichtbar zu machen, was auch gegenwärtig unter Heiden und Juden, d.h. in den Schöpfungen und Krisen der autonomen Kultur, vom Logos offenbar wird."[1] Die Ankündigung und Thematik dieser Vortragsreihe ist ein deutliches Zeichen für die starke Verbindung TILLICHs zu dem Denken des 19. Jahrhunderts, die sich auch viel später immer wieder in der Wahl der Begrifflichkeit zeigt. In einer handschriftlichen Ankündigung dieser Vorträge heißt es programmatisch im ersten Satz: "Erkenntnis der Wahrheit wollen wir suchen ..." und weiter unten: "es hat sich eine Kluft aufgetan zwischen kirchlicher Verkündigung und modernem Denken, ... Wir sind der Überzeugung, daß es trotz aller Verwirrung der Wahrhaftigkeit jederzeit möglich sein muß, die Wahrheit zu erkennen."[2] Und TILLICH selbst kündigt als erstes zwei Vorträge unter den Titeln: "Die gegenwärtige Lage des Denkens und ihre geschichtlichen Voraussetzungen" und "Der Mut zur Wahrheit" an.[3]

Dieses Interesse an der Wahrheit, an dem Logos des Seins, hält TILLICH auch nach dem Neubeginn nach 1918 fest. Der Logos eröffnet die Möglichkeit einer apologetischen Theologie, da er zugleich "das göttliche Offenbarungswort und die Wurzel alles menschlichen <u>logos</u>"[4] ist.

---

1) WW VII, S. 241f

2) Ankündigung zu einer Referats- und Diskussionsreihe von TILLICH, WEGENER und LE SEUR

3) ebda

4) STH I, S. 23

Die christliche Lehre behauptet, "daß der göttliche logos ... Fleisch geworden, daß das Prinzip der göttlichen Selbstoffenbarung in dem Ereignis 'Jesus als der Christus' manifest geworden ist."[1] Somit wird eine Lehre vom Logos als Grundstruktur der Welt und des menschlichen Geistes zur Voraussetzung aller Theologie, besonders der apologetischen.[2]

Interessant ist in diesem Zusammenhang, daß TILLICH seine Lehre von der Wahrheit nicht ohne Änderung über die Krise bringen konnte. 1912 schreibt TILLICH: "Die christliche Lehre ist ein thetischer, in sich geschlossener Kreis, der dargelegt, im einzelnen begründet, in seiner Gesamtheit vorausgesetzt wird. Die Apologetik ist eine kritisch-dialektische Auseinandersetzung mit gegnerischen Positionen."[3] Besonders durch die Methode der Korrelation wird später die Wahrheit erst im Zusammenhang mit Fragen der Zeit erhoben. Das Christentum wird also nicht mehr thetisch vorausgesetzt, sondern seine Wahrheit wird an die Situation gebunden. Hier stößt man auf eine durchgängige Tendenz im Denken TILLICHs, alte, ursprünglich statisch zu verstehende Begriffe neu, dynamisch, geschichtlich situationsgebunden zu interpretieren, sie aber nicht vollständig durch andere Begriffe zu ersetzen.

---

1) ebda S. 23f; cf auch Der Protestantismus, S. 135

2) "It seems to me that, without some form of a Logos doctrine (even if the term 'Logos' is not used), no theology - certainly no apologetic theology - is possible." (The Problem of Theological Method, S. 26)

3) Kirchliche Apologetik, S. 24. (Hervorhebung im Zitat vom Vf.)

2.113 Idealismus und Existentialismus

TILLICH hat 1911 den philosophischen Doktorgrad erworben und 1912 den theologischen Lizenziaten.[1] In beiden schriftlichen Arbeiten beschäftigt er sich mit SCHELLING.[2] Die Anziehungskraft, die SCHELLING auf TILLICH ausübt, geht von SCHELLINGs Spätphilosophie aus, in der er versucht hat, das HEGELsche System einer universalen Versöhnung zu überbieten.[3] Die Notwendigkeit dazu scheint SCHELLING darin zu liegen, daß der HEGELsche Traum einer vollständigen Abbildung der Wirklichkeit im Begriff als philosophisches Begreifen der Wirklichkeit nicht ausreicht, da die Wirklichkeit auch im Widerspruch zum Begriff steht. Das gilt vor allem für die menschliche Natur. HEGEL hat die existentiellen Widersprüche verschleiert. Daß SCHELLING dies in seiner zweiten Periode gesehen hat, ist in TILLICHs Augen ein Verdienst. Doch: "Der Idealismus in Schelling triumphierte über seinen Ansatz zu existentiellem Denken."[4].

Diesen Schritt zum Idealismus will TILLICH nicht machen. Denn ihn stört "der Anspruch der Idealisten, daß ihr System der sinngebenden Kategorien die Wirklichkeit als Ganzes abbildet, anstatt daß es als Ausdruck einer bestimmten, existentiell begrenzenden Begegnung mit der Wirklichkeit aufgefaßt wird."[5] Der Erfahrungshintergrund

---

1) cf WW XII, S. 64

2) 'Die religionsgeschichtliche Konstruktion in Schellings positiver Philosophie, ihre Voraussetzungen und Prinzipien' (1910) und 'Mystik und Schuldbewußtsein in Schellings philosophischer Entwicklung' (1912), letztere Schrift jetzt in WW I, S. 11ff

3) Autobiographical Reflections, S. 11; cf zum Folgenden vor allem den Aufsatz von 1954 'Schelling und die Anfänge des existentialistischen Protestes', jetzt in: WW IV, S. 133ff

4) WW XII, S. 50

5) ebda

dieser Idealismuskritik ist das Erlebnis des 1. Weltkrieges. "Der Weltkrieg bedeutete für mein Erlebnis die Katastrophe des idealistischen Denkens überhaupt. Und in diese Katastrophe war auch Schelling hineingezogen. Der Abgrund öffnete sich, den Schelling zwar gesehen, aber dann bald wieder zugedeckt hatte. Das vierjährige Erleben des Krieges riß den Abgrund für mich und meine ganze Generation so auf, daß er sich nie mehr schließen konnte. Wenn eine Vereinigung von Theologie und Philosophie möglich sein sollte, so durfte sie nur in einer Weise geschehen, die dieser Erfahrung des Abgrundes unserer Existenz gerecht wurde."[1)]

TILLICH übernimmt aber von SCHELLING die Begriffe 'essential' und 'existential'.[2)] Dabei meint 'essential' die ontologischen Strukturen, das Wesen. Existential meint die Dinge, sofern sie im Widerspruch zu ihrem Wesen vorhanden sind. HEGEL hat eine fast durchgehend essentialistische Philosophie entworfen. Bei SCHELLING beginnt bereits ein 'existentialistischer Protest' gegen ein essentialistisches System. Er fällt aber in essentialistisches Denken zurück. Im Gegensatz dazu definiert TILLICH seine Aufgabe so: "Es ist die Aufgabe des Theologen, die Fragen der menschlichen Existenz und ihrer Konflikte mit dem essentiell Menschlichen zu beantworten. Aber er kann das nur auf Grund von Offenbarung tun, Offenbarung der Seinsmacht, die den Konflikt von Essenz und Existenz überwindet, und die in der Geschichte begegnen muß. Schelling wußte das; aber er war zu sehr ein Erbe der idealistischen Tradition, um die Konsequenzen zu ziehen. Er vergaß den Begegnungscharakter der Offenbarung, den er selbst gefordert hatte."[3)]

---

1) ebda S. 34

2) cf z.B. WW IV, S. 143f

3) ebda S. 144

TILLICH kritisiert also an SCHELLING:

1. SCHELLING nimmt den Begegnungscharakter der Offenbarung, das Von-außen der Offenbarung, nicht ernst.
2. SCHELLING überspielt die in der Existenz liegenden Widersprüche.

Um diese beiden Fehler zu vermeiden, muß TILLICH die idealistische Philosophie geschichtlich interpretieren, d.h. er muß erstens die tatsächlich vorhandenen Gestalten des Lebens reflektieren und darf sich nicht mit der Darstellung essentieller Strukturen begnügen, und er muß zweitens die Geschichtlichkeit der Offenbarung beachten, die nicht durch Spekulationen über innertrinitarische Vorgänge angemessen zum Ausdruck gebracht werden kann, sondern die im Blick auf das geschichtliche Ereignis des 'Jesus als Christus' reflektiert werden muß. Dennoch bleibt die "Unterscheidung zwischen Essenz und Existenz, religiös gesprochen: die Unterscheidung zwischen der geschaffenen und der wirklichen Welt, ... das Rückgrat des ganzen theologischen Denkgebäudes. In jedem Teil des theologischen Systems muß sie ausgearbeitet werden."[1)]

---

1) STH I, S. 238; cf auch STH II, S. 130: "Der Begriff 'Neues Sein' wie er hier gebraucht wird, weist auf die Kluft zwischen essentiellem und existentiellem Sein hin und ist das Prinzip, das diesem ganzen theologischen System zugrunde liegt." Und STH I, S. 81: "In jedem der fünf Teile des Systems, die so aufgebaut sind, daß die Struktur der Existenz mit der Struktur der christlichen Botschaft in Korrelation steht, sind die beiden Unterteile folgendermaßen aufeinander bezogen: Sofern die Existenz des Menschen den Charakter des Selbstwiderspruchs oder der Entfremdung hat, wird eine doppelte Betrachtungsweise verlangt. Die eine Seite handelt von dem, was der Mensch essentiell ist und darum sein sollte, und die andere handelt von dem, was er in seiner selbstentfremdeten Existenz tatsächlich ist und was er nicht sein sollte."

Sie stellt die anthropologische Begründung für die Methode der Korrelation dar.[1]

2.12 Analyse der Methode der Korrelation

2.121 Struktur

Die Methode der Korrelation ist das 'Rückgrat'[2] der 'Systematischen Theologie'. "Der Aufbau des theologischen Systems ergibt sich aus der Methode der Korrelation. Die Methode der Korrelation fordert, daß jeder Teil des Systems einen Abschnitt enthält, in dem die Frage durch eine Analyse der menschlichen Existenz und der Existenz überhaupt entfaltet und einen weiteren Abschnitt, in dem die theologische Antwort auf Grund der Quellen, des Mediums und der Norm der systematischen Theologie gegeben wird."[3]

Die Methode der Korrelation ist jedoch mehr als ein Handwerkszeug. Zwar scheint sie vor dem System da zu sein, weil sie als Methode den Aufbau des Systems ermöglicht, dennoch ist sie selbst ein Teil des Systems. Denn ohne ein antizipiertes Wissen um das System konnte TILLICH die Methode der Korrelation nicht entwickeln. Die Methode der Korrelation ist also "selbst eine theologische Aussage und wie alle theologischen Aussagen nur möglich mit Leidenschaft und Mut zum Wagnis."[4] Die theologische

---

1) Eine wichtige Problemstellung hat TILLICH auch durch SCHELLINGs Trennung und Verhältnisbestimmung von 'positiver Philosophie' und 'negativer Philosophie' erhalten. (cf dazu WW I, S. 86f und JASPERS 1954, S. 20f) Das kann hier nicht dargestellt werden, weil es zu weit in die Interpretation von HEGEL und SCHELLING hineinführen und damit von den Leitfragen dieser Arbeit ablenken würde.

2) STH I, S. 80f

3) ebda

4) ebda S. 15

Aussage, die in der Methode der Korrelation steckt, ist die, daß die Wahrheit der biblischen Botschaft für jede Zeit neu gedeutet werden muß, also nicht als unveränderbare Autorität gegeben ist.

TILLICH will mit der Methode der Korrelation verbindliche theologische Antworten auf Fragen der Zeit ermöglichen. "Theologie steht in der Spannung zwischen zwei Polen: der ewigen Wahrheit ihres Fundamentes und der Zeitsituation, in der diese Wahrheit aufgenommen werden soll."[1)] Diese Doppelbestimmung der Theologie einerseits im Hinblick auf ihr Fundament, andererseits im Hinblick auf ihre Funktion, rechtfertigt TILLICH mit dem Hinweis darauf, daß man Teile der Wahrheit opfert, wenn man die Gegenwartsprobleme zu stark berücksichtigt, und daß man an der Zeit vorbeiredet, wenn man die Gegenwartsprobleme vernachlässigt.

TILLICH hält es für sinnlos, Bibelworte oder kirchliche Dogmen orthodox zu wiederholen, da diese Worte in jeder Zeit etwas anderes bedeuten. Sie wandeln ihre Bedeutung, sie erhalten andere Assoziationen. Deswegen sind sie in jeder Zeit neu interpretationsbedürftig. Zudem ist der Theologe in seinen Ausdrucksmöglichkeiten an die Sprache seiner Zeit gebunden. Dieser Zeitgebundenheit versucht TILLICH durch die Entwicklung der Methode der Korrelation von existentiellen Fragen und theologischen Antworten Rechnung zu tragen. Diese Methode soll vermeiden, "daß man den Menschen die Wahrheit wie Steine an den Kopf wirft, ohne sich darum zu kümmern, ob sie aufgenommen werden kann."[2)]

Mit der Verhältnisbestimmung Korrelation zwischen 'existentieller' oder seltener 'philosophischer Frage' und 'theologischer Antwort' ist nicht primär die von TILLICH

---

1) ebda S. 9

2) STH III, S. 217f

mehrfach beschriebene Divergenz und Konvergenz von Philosophie und Theologie, also eine Verhältnisbestimmung von Theologie und Philosophie, gemeint. Vielmehr ist gemeint, daß unter Heranziehung von moderner Selbst- und Weltauslegung in Kunst, Literatur, Philosophie und Wissenschaft die existentielle Frage artikuliert wird und daß aus der biblischen Botschaft, also mit Hilfe der Offenbarung, die Antwort erhoben bzw. von dort her die Antwort vernommen wird. Die Relation zwischen Philosophie, Theologie und philosophischer Theologie ist nicht identisch mit der zwischen Frage, Antwort und Ergebnis von Frage und Antwort.

Im Blick auf die Leitfragen ist eine Darstellung des Verhältnisses von Theologie und Philosophie verzichtbar. Für die Beantwortung der zweiten Leitfrage ist eine Analyse dessen notwendig, wie sich Selbst- und Weltauslegung als Frage und biblische Botschaft als Antwort zueinander verhalten.

Das Verhältnis bestimmt TILLICH im ersten Band der 'Systematischen Theologie': "Die Methode der Korrelation erklärt die Inhalte des christlichen Glaubens durch existentielles Fragen und theologisches Antworten in wechselseitiger Abhängigkeit."[1] Dabei unterscheidet TILLICH auf der Seite der Antwort Form und Inhalt: Der Inhalt der Antwort wird von der Offenbarung, die Form der Antwort von der Struktur der Fragen abgeleitet.[2] Aus der menschlichen Situation wird mit Hilfe philosophisch-ontologischer Analyse die Frage erhoben. Die Antwort wird von der Theologie gegeben, die im Lichte der Frage auf den Inhalt des christlichen Glaubens reflektiert.

Wie kommt es, daß die Antwort eine echte Antwort bleibt, ohne von der Frage eindeutig determiniert zu sein? Und

1) STH I, S. 74 (Hervorhebung im Zitat vom Vf.)

2) ebda S. 78f

wie wird gewährleistet, daß die Frage in ihrer Ernsthaftigkeit festgehalten wird? Diese Fragen treiben TILLICH über seine Auskunft im I. Band der 'Systematischen Theologie' hinaus, wenn er in Band II im Abschnitt 'Neuformulierung einiger im ersten Band gegebener Antworten'[1) das Verhältnis von Frage und Antwort präzisiert: Bei der Erörterung der "Unabhängigkeit und Wechselwirkung von existentiellen Fragen und theologischen Antworten"[2) unterscheidet TILLICH auch bei der Frage expressis verbis einen substantiellen (materialen) und einen formalen Aspekt. Zunächst gilt materialiter, daß Fragen und Antworten unabhängig voneinander sind, da das Material der Frage nicht aus der Substanz der Antwort und umgekehrt die Substanz der Antwort nicht aus dem Material der Frage abgeleitet werden kann. Formaliter ist aber sowohl die Frage von der Antwort als auch die Antwort von der Frage abhängig. Die Form der Frage ist von der Antwort abhängig: Denn die "in der menschlichen Endlichkeit enthaltene Frage ist schon ausgerichtet auf die Antwort: das Ewige. ... Diese Gerichtetheit der Fragen vermindert nicht ihren Ernst, aber sie gibt ihnen ihre Form, die durch das ganze theologische System bestimmt ist."[3)
Und die Form der Antwort ist von der Frage abhängig; denn die Form der Antwort ist verschieden, je nachdem, worauf sie antwortet, z.B.: "Wenn ... die Theologie auf die in der menschlichen Entfremdung liegende Frage die Antwort gibt, die 'der Christus' heißt, so tut sie das in ganz verschiedener Weise, je nachdem, ob sie auf die existentiellen Konflikte des jüdischen Legalismus antwortet oder auf die existentielle Verzweiflung des griechischen Skeptizismus oder auf die Drohung des Nihilismus ... Und trotzdem: Die Frage erzeugt nicht die Antwort.

1) STH II, S. 11ff
2) ebda S. 19ff
3) ebda S. 22

Die Antwort 'der Christus' kann nicht vom Menschen erzeugt werden, aber der Mensch kann sie aufnehmen und gemäß der Art, wie er gefragt hat, zum Ausdruck bringen."[1]

Dem Einwand, daß die Fragen die Antworten präjudizieren können und daß der, der die Fragen stellt, faktisch bereits die Antworten diktiert, daß also die Offenbarung Gottes in eine illegitime Abhängigkeit von den Frage- und Erkenntnisstrukturen des Menschen gerät, begegnet TILLICH durch die Behauptung, daß der philosophische Theologe die Fragen bereits unter dem Eindruck der göttlichen Antworten formuliere.[2] Zwei Zitate mögen das belegen: In der Diskussion des ontologischen Gottesbeweises schreibt TILLICH: "Die Beweise für die Existenz Gottes analysieren die menschliche Situation so, daß die Frage nach Gott möglich und notwendig wird. Die Frage nach Gott ist möglich, weil in der Frage nach Gott ein Bewußtsein um Gott gegenwärtig ist. Dies Bewußtsein geht der Frage voraus. Es ist nicht das Ergebnis der Beweisführung, sondern ihre Voraussetzung."[3] Im Bereich der Christologie sieht das so aus: "In den letzten Abschnitten haben wir beschrieben: die Erwartung des Neuen Seins, den Sinn des Symbols Christus, und wir haben verschiedene Begriffe erörtert, in denen die Theologie die Erwartung des Neuen Seins ausgedrückt hat. Wir haben jedoch noch nicht von der aktuellen Erscheinung des Christus in Jesus gesprochen, obwohl sie nach der Methode des theologischen Zirkels bei der Beschreibung der Erwartung vorausgesetzt werden muß."[4] Die Behauptung des hermeneutischen Vorranges der Antwort vor der Fra-

---

1) ebda

2) cf die Kritik an der Frage-Antwort-Struktur in 2.13

3) STH I, S. 240

4) STH II, S. 106

ge[1] ist nicht nur durch die Theologie, die eben dies immer behauptet hat, sondern auch durch TILLICHs eigenes Erleben motiviert. In einer seiner autobiographischen Skizzen schreibt er: "Trotz aller Kritik ... war die Kirche mir Heimat. ... Der Grund zu diesem Gefühl wurde in den Jugendjahren gelegt, nicht nur durch die christliche Haltung eines evangelischen Pfarrhauses, sondern auch durch die ziemlich ungebrochene religiöse Sitte einer ostelbischen Kleinstadt am Ende des 19. Jahrhunderts. Die Liebe zum Kirchengebäude mit seiner Mystik, zu Liturgie, Gesang und Predigt, zu den hohen kirchlichen Festen, die tage-, ja wochenlang das Leben des Ortes bestimmten, die Mysterien der kirchlichen Lehre und ihre Wirkung auf das Innenleben des Kindes, das erschütternde Erlebnis des Heiligen, der Schuld, der Vergebung, die Sprache der Bibel, vor allem ihre Kernsprüche - all das wirkte zusammen und schuf ein unzerstörbares Fundament kirchlich-sakramentalen Fühlens. Es war maßgebend für den Entschluß, Theologe zu werden und trotz aller Spannungen zu bleiben."[2] Damit bleibt TILLICH bewußt im theologischen Zirkel.[3] Aber er befindet sich insofern, als er auch als Theologe nicht immer fest im Glauben steht, auch außerhalb des theologischen Zirkels. "Manchmal überwiegt die eine Seite, manchmal die andere." Der Theologe "ist niemals sicher, welche Seite wirklich überwiegt."[4] Dennoch bleibt es dabei: "Der Theologe ist als Theologe an eine konkrete Erscheinung dessen, was ihn unbedingt angeht, gebunden; religiös gesprochen: Er ist an eine spezielle Offenbarungserfahrung gebunden."[5]

---

1) cf dazu auch WW I, S. 380; WW II, S. 71 und STH I, S. 78

2) WW XII, S. 37

3) cf besonders STH I, S. 17f

4) beide Zitate ebda S. 18

5) STH II, S. 21

Mit TILLICHs Präzisierung im 2. Band der 'Systematischen Theologie' verbindet sich zugleich eine Neubestimmung des theologischen Zirkels, den er nicht als Kreis mit einem Mittelpunkt, sondern als eine Ellipse mit zwei Brennpunkten darstellt. "Der eine Brennpunkt stellt die existentielle Frage dar und der andere die theologische Antwort. Beide stehen im Raum derselben religiösen Grundhaltung, aber sie sind nicht identisch."[1] Sie können jedoch in einem Punkt zusammenfallen. "Dieser Punkt ist jedoch kein Moment in der Zeit. Er gehört zum essentiellen Sein des Menschen."[2] Das Zusammenfallen der Frage mit der Antwort ist deswegen möglich, weil beide an der Wirklichkeit in ihrer Tiefendimension partizipieren. "... jede endliche Wirklichkeit (wurzelt) im schöpferischen Grund -"[3]. Und dieser schöpferische Grund, das, was Frage und Antwort als Wurzel gemeinsam haben, gibt die Möglichkeit zum echten Zusammenfallen von Frage und Antwort.

2.122 Handhabung

Die Handhabung der Methode der Korrelation erfolgt in zwei Schritten: Die Theologie "gibt eine Analyse der menschlichen Situation, aus der die existentiellen Fragen hervorgehen, und sie zeigt, daß die Symbole der christlichen Botschaft die Antworten auf diese Fragen sind."[4] Dabei werden die Fragen unter Hinzuziehung von Material aus Kunst, Wissenschaft, Literatur und Philosophie formuliert. Es sind keine Fragen, die sich aus

1) ebda
2) STH I, S. 75
3) WW IX, S. 91
4) STH I, S. 76

dem psychologisch oder soziologisch objektiv feststellbaren Zustand einer Gesellschaft, einer Gruppe oder eines Individuums ergeben. Die Situationsanalyse, die die Theologie in Frageform erstellt, bezieht sich auf "die Summe der wissenschaftlichen und künstlerischen, der wirtschaftlichen, politischen und sittlichen Formen, in denen diese Gruppe das Selbstverständnis ihrer Existenz zum Ausdruck bringt",[1] auf "das schöpferische Selbstverständnis der Existenz, wie es sich in jeder Periode unter den verschiedensten psychologischen und soziologischen Umständen vollzieht",[2] auf den "geistig-kulturellen Gesamtausdruck",[3] auf "die schöpferische Selbstbesinnung des Menschen in einer besonderen Geschichtsperiode".[4]

TILLICH sucht nach Grundstrukturen, die hinter den schnell wechselnden und in einer Geschichtsepoche gruppen- und persönlichkeitsspezifisch sehr verschiedenen Lebensprozessen liegen. Dabei bleiben die sozialpsychologischen Tatbestände irrelevant, da sie zwar den 'schöpferischen Gesamtausdruck' bedingen, ihn aber nicht repräsentieren. TILLICHs Grundstrukturen sind alle auf eine Denkfigur reduzierbar: Es besteht in allen Lebensprozessen eine <u>Differenz</u> zwischen eigentlichem, erfülltem Leben und uneigentlichem, entfremdetem Leben. Aber in der Entfremdung gibt es ein Streben nach ihrer Aufhebung, nach Überwindung der Differenz, nach Einheit, nach <u>Identität</u>. Diese Denkfigur wendet TILLICH - besonders deutlich in der 'Systematischen Theologie' - auf verschiedene Lebensbereiche an. Darauf komme ich im Abschnitt 2.124, der die anthropologische Voraussetzung der Methode der Korrelation behandelt, zurück.

---

1) ebda S. 10

2) ebda

3) ebda

4) ebda

Die so erhobenen und in eine Struktur gebrachten Fragen haben nach TILLICHs Meinung keine theologischen Prämissen. Der Blick des Theologen ist wie der des Wissenschaftlers oder Philosophen autonom. Denn "er wird nur von dem Gegenstand bestimmt, der ihm in seiner Erfahrung gegeben ist. Wenn er etwas sieht, erwartet er nicht, es im Lichte seiner theologischen Antwort zu sehen. Er hält an dem fest, was er gesehen hat, ..."[1] TILLICH versucht, mit diesen Sätzen Raum für "philosophische Integrität"[2] im theologischen System zu schaffen. Andererseits muß er, um sein "theologisches Anliegen"[3] zu wahren bzw. neu zur Sprache zu bringen, zugeben, daß der Theologe nicht umhin kann, "die menschliche Existenz und Existenz überhaupt in einer Weise zu sehen, daß die christlichen Symbole ihm sinnvoll und verständlich erscheinen."[4]

Die Handhabung der Methode der Korrelation scheint zunächst durch die Aufteilung in die beiden Schritte philosophische Situationsanalyse und theologische Symbolinterpretation eine stärkere Unabhängigkeit der beiden Glieder der Korrelation zu bedeuten. Da jedoch die Fragen der Situationsanalyse so strukturiert werden müssen, daß die Symbolinterpretation sie beantworten kann, wird deutlich, daß die im vorigen Abschnitt aufgezeigte systematische Vorrangstellung der christlichen Tradition sich auch bei der Handhabung der Methode der Korrelation in Einzelheiten der Situationsanalyse niederschlagen muß.[5]

---

1) ebda S. 78

2) ebda

3) ebda

4) ebda

5) Wie weit es TILLICH gelungen ist, philosophische Unvoreingenommenheit und theologisches Engagement gleichzeitig zum Ausdruck zu bringen, könnte man nur durch

2.123 Hermeneutischer Zusammenhang

Der hermeneutische Zusammenhang, in dem die Methode der Korrelation steht, kann anhand von fünf Begriffen dargestellt werden.

Erstens: TILLICH stellt sich als Theologe bewußt in den theologischen Zirkel.[1] Er steht als Religionsphilosoph zwar auch außerhalb dieses Zirkels, aber als Theologe betritt er "ihn als ein Glied der christlichen Kirche"[2] "mit einer konkreten Überzeugung."[3] Der Unterschied zwischen außen und innen liegt darin, ob man entweder das Christentum unter einem allgemeinen Religionsbegriff an einer bestimmten Stelle neben anderen Religionen einordnet oder ob man den Anspruch auf Einmaligkeit oder Allgemeingültigkeit der biblischen Botschaft erhebt. Wird die letzte Betrachtungsweise gewählt, sollte man zugeben, daß man den theologischen Zirkel betreten hat. Doch selbst wenn der Theologe dies bewußt tut und eingesteht, entsteht das Problem, daß er nicht gleichmäßig an diese Einmaligkeit und Allgemeingültigkeit glaubt. "Jeder Theologe ist sowohl ergriffen als auch entfrem-

---

eine Überprüfung der Durchführung der Methode der Korrelation in der ganzen Theologie TILLICHs oder in einzelnen ihrer Teile feststellen. SCHMITZ (1966) hat das im Blick auf das 'theologische Anliegen' für die ersten drei Teile der 'Systematischen Theologie' getan. Ich kann auf einen solchen Vergleich zwischen TILLICHs methodischen Postulaten und ihrer Durchführung in seinem theologischen System verzichten, da es bei der Verfolgung der Leitfragen nicht um eine gerechte Würdigung der Methode der Korrelation als angewandter Methode, also um eine Würdigung des ganzen Systems geht, sondern um die Frage, ob in der theologischen Methode Einsichten formuliert und Intentionen angegeben sind, die im Blick auf eine Beantwortung der Leitfragen aufgenommen werden können.

1) cf STH I, S. 15ff und STH II, S. 21

2) STH I, S. 17

3) ebda

det, er steht immer im Glauben und im Zweifel, er befindet sich innerhalb und außerhalb des theologischen Zirkels."[1]

In der Akzeptation des theologischen Zirkels als Voraussetzung theologischen Denkens liegt die Gefahr, daß die Theologie einen doktrinären Absolutheitsanspruch erhebt, der nicht kritisch reflektiert, sondern nur gläubig hingenommen werden kann. Das will TILLICH im Rahmen seiner apologetischen Theologie vermeiden. Er versucht das durch drei Gedanken:

Der erste Gedanke ist die Idee einer "kritischen Phänomenologie"[2] von Offenbarungen. Durch sie hält TILLICH zwar an der Ansicht fest, daß die Offenbarung in Jesus Christus absolut und normativ ist, reserviert den Begriff Offenbarung aber nicht für die Offenbarung in Jesus Christus und auch nicht für Offenbarungen im Bereich des Christentums, sondern faßt ihn so weit, daß auch Erfahrungen, die in anderen Religionen gemacht werden, unter ihn subsumiert werden können.[3]

Der zweite Gedanke, der einen doktrinären Absolutheitsanspruch des Christentums relativiert, liegt in der Behauptung, daß die Offenbarung sich nicht isoliert ereignet, daß sie nicht unvermittelt einbricht. Offenbarung offenbart um so mehr, "je mehr sie zum Menschen

---

1) ebda S. 18

2) ebda S. 130; cf den Zusammenhang S. 129ff

3) LANGFORD (1958) hat darauf hingewiesen, daß TILLICHs Idee einer kritischen Phänomenologie von Offenbarungen das theologische Interesse von der objektiven auf die subjektive Seite der Offenbarungskorrelation verschiebt. Die Dialektik der beiden Seiten wird zwar nicht durchbrochen (S. 155), die Theologie tendiert aber aufgrund dieser Betrachtungsweise dazu, "to become a study of man's reception of revelation" (S. 232), sie berücksichtigt das subjektive Element, die Aufnahme des Menschen, stärker als das objektive Element, die Selbstoffenbarung Gottes.

in seiner konkreten Situation spricht, zur besonderen Aufnahmefähigkeit seines Geistes, zu seiner besonderen sozialen Lage und zum besonderen historischen Augenblick. Offenbarung ist niemals Offenbarung im allgemeinen, wie universal ihr Anspruch auch sein mag. Sie ist immer Offenbarung für jemand und für eine Gemeinschaft in einer bestimmten Umgebung und unter einmaligen Umständen."[1] Diesen Gedanken, daß Offenbarung durch die Art der individuellen Erfahrungsfähigkeit und die soziale Umwelt des Offenbarungsempfängers mit geprägt wird, gestaltet TILLICH im ersten Band der 'Systematischen Theologie' durch die Darstellung der Offenbarungsgeschichte aus.[2] Offenbarungsgeschichte ist die Vorbereitung und die Aufnahme der Offenbarung in sozialen und geschichtlichen Strukturen, die man historisch betrachten kann. TILLICH verbindet hier ein dialektisch-theologisches Interesse, das darauf hinweist, daß Offenbarung von jenseits des Menschen und auf ihn zu geschieht, mit dem apologetischen Interesse, daß Offenbarung nicht als Fremdkörper dargestellt werden darf, der aus einer anderen Welt ohne Bezugspunkt in die Welt des Menschen einbricht.

Der dritte Gedanke, der den Absolutheitsanspruch des Christentums, wenn er als <u>prinzipiell</u> unaufweisbar dargestellt wird, relativiert, liegt darin, daß theologisches Denken von anderem Denken nicht durch inhaltliche theologische Vorstellungen abgegrenzt wird, sondern dadurch, daß theologisches Denken sich durch einen letzten Ernst, eine letzte existentielle Betroffenheit auszeichnet.

<u>Zweitens:</u> Diese existentielle Beteiligung, die Überzeugung des Theologen, daß der Gegenstand, den er behandelt,

1) WW V, S. 139
2) STH I, S. 164ff

ihn "unbedingt angeht"[1], ist das Kriterium für den Theologen als Theologen. Es ist zugleich das "erste formale Kriterium der Theologie"[2] d.h. die negative Abgrenzung gegen andere Formen des Denkens. TILLICH beschreibt dieses Kriterium so: "Das, was uns unbedingt angeht, ist .. total,kein Teil unser selbst und unserer Welt ist davon ausgeschlossen. Hier gibt es kein Ausweichen. Was uns unbedingt angeht, läßt keinen Augenblick der Gleichgültigkeit und des Vergessens zu. Es ist ein Gegenstand unendlicher Leidenschaft."[3] "Es ist die abstrakte Übersetzung des großen Gebotes: 'Der Herr, unser Gott, ist ein Gott. Und du sollst Gott, deinen Herrn, lieben von ganzem Herzen, von ganzer Seele, von ganzem Gemüte und von allen deinen Kräften.'"[4] Damit sind alle vorletzten Anliegen aus der Fachkompetenz des Theologen herausgenommen. Der Theologe soll sich als Theologe nicht in den Streit der Wissenschaftler und Fachleute, auch nicht in den der Politiker, einmischen, da er nicht sachverständig ist. Dies darf jedoch nicht im Sinne einer scharfen Dualität, einer Diastase zwischen den Bereichen des unbedingten Anliegens und der vorläufigen Anliegen führen. Es besteht vielmehr zwischen beiden "eine Beziehung, in der etwas Vorläufiges zum Träger dessen wird, was uns unbedingt angeht, ohne daß es selbst unbedingtes Gewicht erhält."[5]

---

1) STH I, S. 19
2) ebda (Hervorhebung im Zitat vom Vf.)
3) ebda S. 19
4) ebda
5) ebda S. 20. Für TILLICHs Geschichtstheorie bedeutet das, daß Heilsgeschichte sich innerhalb der menschlichen Geschichte manifestiert, daß Heilsgeschichte nicht supranatural von der Geschichte der Menschen abgehoben werden darf (cf STH III, S. 413f); cf auch WW IX, S. 101: "In allen vorläufigen Anliegen ist ein letztes Anliegen gegenwärtig und heiligt es. Ihrem Wesen nach sind das Religiöse und das Profane keine getrennten Bereiche."

Das zweite formale Kriterium der Theologie leitet TILLICH aus dem ersten ab: "Das, was uns unbedingt angeht, ist das, was über unser Sein oder Nichtsein entscheidet. Nur solche Sätze sind theologisch, die sich mit einem Gegenstand beschäftigen, sofern er über unser Sein oder Nichtsein entscheidet."[1] Der Ausdruck 'Sein' bedeutet in diesem Zusammenhang "das Ganze der menschlichen Wirklichkeit, die Struktur, den Sinn und das Ziel der Existenz."[2]

Drittens: "Die Quellen der systematischen Theologie"[3] sind "Bibel, Kirchengeschichte, Geschichte der Religion und Kultur."[4] Die grundlegende, jedoch nicht die einzige Quelle ist die Bibel als die ursprünglichste Bezeugung des zentralen Offenbarungsereignisses, der Manifestation des Neuen Seins in Jesus Christus. Sie wird dem systematischen Theologen zugänglich durch eine historisch-kritische und eine existentiell engagierte Interpretation, wobei letzteres bedeutet, daß der Theologe einen Stoff interpretiert, der ihn unbedingt angeht. Dieses doppelte Prinzip findet auch gegenüber dem kirchengeschichtlichen Material Anwendung, und TILLICH fordert solche doppelte Betrachtungsweise auch für die Religionsgeschichte und die Geschichte der Kulturen. TILLICH kritisiert damit die von ihm so genannte "Sprungtheorie des Protestantismus"[5], eine Theorie, die im Akt des Verstehens mit der Bibel gleichzeitig werden will, die den historischen Graben von nahezu 2000 Jahren überspringen will.[6]

---

1) STH I, S. 21
2) ebda S. 22
3) cf ebda S. 44ff
4) ebda S. 51
5) WW VII, S. 207
6) TILLICH weist auf die Geringschätzung der Kirchengeschichte durch BARTH hin. (WW VII, S. 208 Anm. 55 und STH I, S. 39)

Eine letzte, von den drei Hauptquellen abgehobene Quelle muß hier noch genannt werden: "Das kirchliche und theologische Klima, in dem ein Theologe aufgewachsen ist, oder für das er sich später persönlich entschieden hat".[1)] Ohne einen solchen existentiellen Bezugspunkt ist eine existentiell engagierte Betrachtungsweise der Bibel, der Kirchengeschichte und der allgemeinen Religions- und Kulturgeschichte nicht zu leisten. Diese letzte Quelle weist auf das Problem der Erfahrung religiöser Inhalte hin.[2)]

Viertens: "Erfahrung ist das Medium, durch das die Quellen zu uns sprechen, durch das wir sie aufnehmen können."[3)] TILLICH lehnt die wissenschaftliche Erfahrung, wenn sie in Analogie zur Naturwissenschaft gedacht wird, als "Grundlage und Quelle für die systematische Theologie"[4)] ab, weil sie von ihren Voraussetzungen her die Möglichkeit religiöser Erfahrung prinzipiell leugnet. TILLICHs Erfahrungsbegriff ist ontologisch gemeint. Gegenüber einem durch die Distanz des Naturwissenschaftlers bestimmten Begriff von Erfahrung betont TILLICH, daß der Theologe in seiner Erfahrung des Religiösen an der erfahrenen Wirklichkeit partizipiert. Mit diesem Erfahrungsbegriff will TILLICH zwei Extreme vermeiden: "Der Einfluß des Mediums - die Erfahrung des Theologen - sollte nicht so klein sein, daß das Ergebnis eine Wiederholung statt einer Umwandlung ist, und er sollte nicht so groß sein, daß das Ergebnis eine Neuschöpfung statt einer Umwandlung ist."[5)] Gibt es ein Kriterium,

---

1) STH I, S. 48
2) ebda S. 51
3) ebda; (Hervorhebung im Zitat vom Vf.)
4) ebda S. 56
5) ebda S. 58; cf auch WW X, S. 25f

das ein Urteil darüber erlaubt, ob es dem Theologen gelungen ist, beide Gefahren zu vermeiden?

Fünftens: Dieses inhaltliche Kriterium nennt TILLICH die materiale "Norm der systematischen Theologie".[1] Diese Norm muß in jeder Zeit im Hinblick auf die Analyse der Gegenwart neu bestimmt werden. TILLICH analysiert: "Es ist keine Übertreibung, wenn man sagt, der heutige Mensch erfahre seine Situation als Zerrissenheit und Zwiespalt, Selbstzerstörung, Sinnlosigkeit und Verzweiflung in allen Lebensbereichen"[2] und sehne sich nach heilem Leben in der Einheit mit dem Grund seines Seins. Deswegen besteht die materiale Norm darin, daß die christliche Botschaft als Botschaft vom 'Neuen Sein' ausgelegt werden muß. Und die weitere Frage, wo das 'Neue Sein' gesehen werden kann, wo es offenbar wird, beantwortet der systematische Theologe mit dem Hinweis auf Jesus Christus. "Er, der der Christus ist, bringt den neuen Äon, die neue Wirklichkeit. Und es ist der Mensch Jesus, der in einer paradoxen Aussage der Christus genannt wird. Ohne dieses Paradox",[3] daß ein Mensch unter den Bedingungen der Existenz die Bedingungen der Existenz überwindet, "wäre das 'Neue Sein' ein bloßes Ideal, keine Wirklichkeit ... Die materiale Norm der systematischen Theologie ... ist das 'Neue Sein in Jesus als dem Christus'."[4]

Die Gesamtnorm der systematischen Theologie - die Zusammenfassung des formalen Kriteriums und der materia-

---

1) cf STH I, S. 58ff; als formale Norm bezeichnet TILLICH besonders im Blick auf den Katholizismus eine "Hierarchie von Autoritäten" (ebda S. 59). Solche kirchlichen Autoritäten gibt es gegenwärtig im Protestantismus nicht. Deswegen geht es im modernen Protestantismus nur um die Erstellung einer materialen Norm.(ebda S. 60f)

2) ebda S. 61

3) ebda S. 62

4) ebda

len Norm - heißt demzufolge: "das Neue Sein in Jesus, dem Christus, als das, was uns unbedingt angeht."[1]

2.124 Anthropologische Begründung

TILLICH fordert für die theologische Methode, daß sie sachentsprechend sein muß.[2] Die Korrelation von Frage und Antwort wird auf der Frageseite dadurch begründet, daß der Mensch die Frage nicht nur stellt, sondern daß er selbst die Frage ist,[3] weil er als Existierender von seinem eigentlichen erfüllten Leben, von seiner Essenz getrennt ist. Das gilt prinzipiell immer und trifft besonders auf die heutige Zeit zu, in der Zerrissenheit und Unerfülltheit besonders deutlich zum Ausdruck kommen.[4] Für den Menschen besteht die Möglichkeit, nach seiner Essenz zu fragen. Das ist eine spezifisch menschliche Möglichkeit. Sie zeigt, daß der Mensch von dem Sein, nach dem er fragt, nicht vollständig getrennt ist, denn sonst könnte er nicht danach fragen. "Wenn der Mensch das Seiende ist, das die Frage nach dem Sein stellt, so hat er das Sein, nach dem er fragt, und hat es nicht. Er ist von ihm getrennt, obwohl er zu ihm gehört."[5] Das, was den Menschen als Menschen konstituiert, ist die Möglichkeit, über sich hinauszufragen. Die Frage liegt im Sein des Menschen beschlossen.

Die Korrelation von Frage und Antwort wird auf der Antwortseite dadurch begründet, daß das 'Neue Sein in Jesus

---

1) ebda

2) "Eine Methode ist ein Instrument ..., das seinem Gegenstand entsprechen muß." (ebda S. 73)

3) cf ebda S. 76 und STH II, S. 20

4) cf STH I, S. 61

5) WW V, S. 144

als dem Christus' als Antwort auf die in der Existenz liegenden Fragen vom systematischen Theologen nicht nur postuliert oder verkündigt wird, sondern im Leben einer Gemeinschaft oder des einzelnen erfahren wird.

TILLICHs Methode ist in wechselseitiger Abhängigkeit im Bereich der Frage anthropologisch und im Bereich der Antwort (offenbarungs-)theologisch begründet. Zur Vermittlung dieser beiden Dimensionen benutzt TILLICH die philosophischen Begriffe 'Essenz' und 'Existenz' als Interpretationskategorien.

Die Verwendung dieser Begriffe bedeutet bei TILLICH jedoch nicht die Akzeptation der klassischen Unterscheidung zwischen einer statisch gedachten Idee und einer dynamisch gedachten Wirklichkeit. TILLICH bemüht sich, die mit der Verwendung dieser Worte gegebene Gefahr einer geschichtslosen Ontologie zu vermeiden.

Er bezeichnet "Geschichte als das Problem unserer Zeit".[1] Dabei meint er mit Geschichte die "geschichtliche Existenz"[2] und mit 'unserer Zeit' die Zeit nach der Mitte des 15. Jahrhunderts, dem Beginn der Renaissance.

Rückblickend schreibt er: "Die Geschichte wurde zum Zentralproblem meiner Theologie und Philosophie durch die geschichtliche Wirklichkeit, wie ich sie bei meiner Rückkehr aus dem ersten Weltkrieg vorfand: ein chaotisches Deutschland und Europa, das Ende der Epoche des siegreichen Bürgertums und des Lebensstiles des 19. Jahrhunderts, der Riß zwischen den lutherischen Kirchen und dem Proletariat, die Kluft zwischen der transzendenten Botschaft des traditionellen Christentums und den immanenten Hoffnungen der revolutionären Bewegungen."[3]

---

1) WW X, S. 159ff

2) ebda S. 159

3) WW VII, S. 16f

Er betont immer wieder, daß im Christentum die zeitlichen Vorstellungen die räumlichen besiegt haben und daß das Christentum deswegen die wahre Religion sei, weil sie die begegnende Wirklichkeit als geschichtlich angemessener als andere Versuche der Weltdeutung zum Ausdruck gebracht habe. "... das Christentum ist die geschichtliche Religion kat'exochen, und es ist die wahre Religion, weil es die geschichtliche Religion ist. Der Christus ist ein geschichtliches Ereignis; Gott hat sich in der Zeit als die Mitte der Zeit manifestiert und hat durch sein Erscheinen der Zeit ihren Sinn gegeben; er hat die natürliche Zeit der endlosen Wiederkehr ebenso überwunden wie die zeitlose Ewigkeit der Übernatur. Der prophetische Geist, der die Gestalt Abrahams geschaffen hat, hat das seinem Wesen nach geschichtliche Volk geschaffen, in dem die Nationalgötter im Prinzip negiert sind; die Zeit hat den Raum besiegt; Gerechtigkeit ist an Stelle von Macht getreten; die Zukunft ist mächtiger als die Gegenwart, die Hoffnung hat den tragischen Heroismus überwunden ..."[1)]

Aus TILLICHs Versuch, konsequent geschichtlich zu denken, folgt eine Dynamisierung des Begriffes 'Essenz' und damit eine Veränderung der Relation von 'Essenz' und 'Existenz', die er "existentialistisch"[2)] nennt. "Wir lehnen also diejenige Bestimmung des Verhältnisses von Wesen und Existenz ab, die das Wesen unhistorisch, schicksalslos macht".[3)] Und: "Die Scheidung von Idee und Existenz ist aufzuheben. Es ist dem Wesen wesentlich, zur Existenz zu kommen, einzugehen in Zeit und Schicksal."[4)] TILLICH geht aus von einer dynamischen Wahrheits-

---

1) WW X, S. 165; cf WW II, S. 241; WW III, S. 155f; WW IV, S. 28; WW VI, S. 84f; STH III, S. 366

2) cf STH III, S. 22

3) WW IV, S. 70

4) ebda S. 34

und Wirklichkeitsauffassung,[1] die ihn auch zu einer Veränderung der klassischen Definition der Begriffe Essenz und Existenz führt. Es gibt keine statische Essenz oder Idee, an der die Wirklichkeit gemessen werden kann. Essenz und Existenz sind immer nur zusammen vorhanden. Doch selbst dann wäre es immer noch möglich, der Essenz den ontologischen Vorrang einzuräumen und damit die Existenz zu einer vorletzten, unbedeutenden Größe zu machen. Der Vorwurf gegen TILLICH könnte dann darin bestehen, daß Existenz als energeia der Essenz als dynamis letztlich nichts hinzufügen könne, was nicht in der Essenz als Möglichkeit angelegt sei. Dann aber wäre es unmöglich, daß sich wirklich Neues in der Geschichte ereignet.

Diesem möglichen Einwand begegnet TILLICH mit dem Gedanken der Essentifikation. Er bedeutet, "daß das Neue, das sich in Raum und Zeit verwirklicht hat, zu dem essentiellen Sein etwas hinzufügt, indem es dieses mit dem Positiven verbindet, das in der Existenz geschaffen wird, und so das unbedingt Neue, das 'Neue Sein', schafft, nicht fragmentarisch wie in allem zeitlichen Leben, sondern als vollkommener Beitrag zu dem Reich Gottes in seiner Erfüllung. Man könnte von einer 'Anreicherung' des göttlichen Lebens durch die geschichtlichen Prozesse sprechen. Dieser Gedanke gibt, wenn auch noch so metaphorisch und unangemessen ausgedrückt, jeder Entscheidung und jeder Schöpfung in Raum und Zeit unendliches Gewicht und bestätigt die Ernsthaftigkeit dessen, was mit dem Symbol des Jüngsten Gerichts gemeint ist."[2] Mit diesen Gedanken verläßt TILLICH ein ungeschichtliches Schema, da das geschichtliche Werden über die Aktualisierung von in der Essenz angelegten Möglichkeiten hinaus eine letzte Bedeutung erhält.

---

1) cf z.B. 'Philosophie und Schicksal' (WW IV, S. 23ff)
2) STH III, S. 453

Diese Neuinterpretation des Begriffspaares Essenz und Existenz erschwert eine präzise Erfassung dessen, was damit gemeint ist, deswegen erheblich, weil sowohl Essenz als auch Existenz in verschiedenen, begrifflich nicht unterschiedenen Bedeutungen gebraucht werden.[1] Essenz kann einmal "das Wesen eines Dinges, seinen Allgemeinbegriff bedeuten".[2] Als Korrelat dazu bedeutet Existenz das Dasein eines Dinges, seine Vorfindlichkeit. Das ist die wertfreie Bedeutung des Begriffspaares. Daneben gibt es aber auch eine wertende Bedeutung: Essenz ist dann "das, was in einer unvollkommenen und verzerrten Weise in einem Ding erscheint".[3] Als Korrelat dazu bezeichnet Existenz den Zustand der Entfremdung. Essenz und Existenz verhalten sich einerseits wie Idee und Wirklichkeit zueinander, andererseits wie erfülltes Leben und entfremdetes Leben. Beide Bedeutungen liegen ineinander. TILLICHs Unterscheidung gerät daher zwischen eine klassisch ontologisch begründete Differenz von Idee und Wirklichkeit und eine - in TILLICHs Verständnis - existentialistische Thematisierung von Entfremdung und Aufhebung von Entfremdung.[4]

---

1) cf SCHMITZ (1966) S. 195f

2) ebda S. 195

3) STH I, S. 237

4) ULRICH (1971) weist im Zusammenhang einer Analyse des Begriffes "Denken" bei TILLICH darauf hin, daß TILLICH auf der Grenze von der fundamentalontologischen Theorie des Idealismus und der am Ontischen interessierten Theorie des Marxismus steht, "dass die Grundbegriffe der Systematik Tillichs selber schon einen ontisch-ontologischen Charakter haben, dass sie zwischen realer Wirklichkeit und ontologischer Reflexionsstufe eigentümlich schweben und schillern". (S. 35f)

2.13 Zusammenfassende Beurteilung der Methode der Korrelation

2.131 Beurteilungsmaßstab

Einleitend war die Notwendigkeit gezeigt worden, handlungsorientierendes theologisches Wissen zu erarbeiten. Als Vorbedingung dazu wurde die Klärung dreier Problembereiche genannt und wurden drei Leitfragen (1.23) formuliert. Dabei war die Vermutung geäußert worden, daß TILLICHs Methode der Korrelation zur Beantwortung der ersten beiden Leitfragen Hinweise gäbe oder Ansätze erkennen ließe, daß sie also erstens eine Integration außertheologischen Wissens in die Theologie ermögliche und daß sie zweitens gegenwarts- und vergangenheitsbezogene Forschung aufeinander beziehen könne. Beide Fragen sind jetzt der Leitfaden für eine abschließende Beurteilung der Methode der Korrelation.

Dabei ist der Maßstab der Beurteilung durch den Zusammenhang, in dem die Leitfragen stehen, bewußt einseitig. Im Blick auf die erste Frage wird eine Reduktion auf wissenschaftliche Aussagen vorgenommen. Bei der Formulierung der zweiten Leitfrage ist eine prinzipielle Gleichartigkeit empirischer und historischer Forschung vorausgesetzt. Beides soll kurz erläutert werden.

Wenn erstens eine Integration außertheologischen Wissens in die Theologie dazu beitragen soll, daß eine Vermittlung zwischen Kirche als theoriegeleiteter Institution und Theologie als praxisorientierter Forschung ermöglicht wird, müssen alle in diesem Zusammenhang formulierten Ergebnisse eine Bedingung erfüllen: Sie müssen so formuliert sein, daß sie über den Ausdruck der subjektiven Gläubigkeit bzw. der ebenso subjektiven Ansicht über einen gegebenen Sachverhalt hinaus intersubjektiv kontrollierbar sind, d.h. daß methodologische Regeln angegeben werden müssen, die eine Überprüfung ermöglichen. Das bedeutet negativ: Alle solchen Aussagen, Sätze oder Theorien, die sich prinzipiell einer Überprüfung an der Wirklichkeit entziehen, müssen als unbrauchbar zur Vorbereitung oder Erarbeitung handlungsorientierenden theologischen Wissens gelten.[1] Mit dem positiven Kriterium der Überprüfbarkeit und dem negativen des Verbots von Immunisierungsstrategien nehme ich Gedanken von POPPER[2] auf, die von ALBERT und BARTLEY im Zusammenhang einer kritischen Analyse der neueren protestantischen Theologie auch in die Beurteilung TILLICHs eingebracht worden sind.[3]

Wenn zweitens vergangenheits- und gegenwartsbezogene Forschung aufeinander bezogen werden soll, um vergangene Erfahrung nicht museal anzuschauen oder existential subjektiv zu applizieren, sondern kontrolliert in gegenwärtige Gestaltung einzubringen, dann gilt über

---

1) cf in 1.11 den Ideologiebegriff von KOCH

2) POPPER (1934) gibt in Ablehnung des induktionslogischen Abgrenzungskriteriums, der Rückführbarkeit wissenschaftlicher Begriffe "auf elementare Erfahrungssätze (insbesondere 'Wahrnehmungsurteile', 'Elementarsätze', 'Protokollsätze' oder dgl." (S. 9) seinerseits ein Abgrenzungskriterium für wissenschaftliche Aussagen gegenüber metaphysischen an, das er als "<u>Falsifizierbarkeit</u>" (S. 14) bezeichnet. POPPER schließt mit diesem Kriterium zwar aus, daß ein System wissenschaftlicher Aussagen endgültig im strengen Sinne verifiziert werden kann (S. 15), fordert aber, daß es möglich sein muß, jedes als wissenschaftlich bezeichnete Aussagensystem zu falsifizieren. Das bedeutet, daß jedes System wissenschaftlicher Aussagen "nach<u>prüfbar</u> sein soll; anders ausgedrückt: daß es in der Wissenschaft keine Sätze geben soll, die einfach hingenommen werden müssen, weil es aus logischen Gründen nicht möglich ist, sie nachzuprüfen." (S. 21)

3) ALBERT (1968 und 1971) und BARTLEY (1962). Beide Autoren haben ihre Kritik jedoch im wesentlichen auf die Symboltheorie konzentriert und werden deswegen in dieser Arbeit in Abschnitt 2.23 behandelt.

die eben genannten Kriterien hinaus eine weitere Bedingung: Vergangenheits- und gegenwartsbezogene Forschung müssen prinzipiell vergleichbar oder gleichartig sein.[1)] Mit dieser Forderung nehme ich einen Gedanken auf, über den sich Positivismus und 'kritischer Rationalismus'[2)] einig sind. Es wird behauptet, daß alle wissenschaftlichen Forschungsergebnisse in ihrem Exaktheitsgrad eingeschätzt werden können. Dabei wird selbstverständlich - forschungspraktisch gesehen - der Exaktheitsgrad historischer Forschung geringer sein, weil der Historiker in der Regel nicht beliebig viel Material zur Überprüfung

---

1) cf zum Folgenden KRAFT (1955) S. 72ff, der die Rolle der Intuition in der Geschichtswissenschaft auf das Auffinden von Hypothesen beschränken will und die Überprüfung dieser Hypothesen prinzipiell der Überprüfung naturwissenschaftlicher Theorien gleichstellen will. Denn: "Was eine Erkenntnis zu einer wissenschaftlichen macht, liegt daran, daß auch der Nachweis erbracht wird, inwieweit sie gesichert oder unsicher ist, warum sie als wahr oder nur als wahrscheinlich oder nur als möglich gelten kann." (S. 81)

cf dazu auch S.M. LIPSET (1958), der eine wissenschaftliche Kooperation zwischen Geschichts- und Sozialwissenschaften anstrebt und behauptet, daß innerhalb der Geschichtswissenschaften eine Mißachtung gegenüber quantitativen Analysen zu beobachten sei. Er ist der Ansicht, daß hier "der Soziologe ... dem Historiker methodologisch helfen" (S. 479) kann.

2) Der hier nicht zutage tretende Unterschied zwischen Positivismus und 'kritischem Rationalismus' (ALBERT) kann im wesentlichen in zwei Punkten gesehen werden: Der Positivismus fordert erstens die Rückführbarkeit von Sätzen auf Erfahrung, d.h. er postuliert, daß wissenschaftliche Sätze das Ergebnis von Beobachtungen etc. sind. Er geht also wesentlich induktiv vor. Der 'kritische Rationalismus' geht deduktiv von der Formulierung von Theorien und ihrer logischen Überprüfung zu ihrer empirischen Prüfung vor. Der zweite unterschiedliche Punkt liegt darin, daß der Positivismus eine Verifizierung für möglich hält, während der 'kritische Rationalismus' nur von Bewährung spricht. (cf POPPER 1934, S. 198ff)

seiner Theorien hat, wie das bei dem Psychologen oder Soziologen z.B. der Fall ist. Dieser Unterschied berechtigt jedoch nicht zu der Behauptung einer prinzipiellen Differenz. Damit gelten dann auch für die historische Forschung dieselben Regeln der Überprüfung wie für die gegenwartsbezogene Forschung.[1]

2.132 Integration außertheologischer Wissenschaften

Zum Zweck einer Beurteilung der Methode der Korrelation im Blick auf die erste Leitfrage - Wie kann die Theologie verschieden gewonnene Ergebnisse der Erfahrungswissenschaften zum Zweck der Handlungsorientierung integrieren? - verbinde ich der Gliederung der Darstellung folgend Zustimmung und Kritik miteinander.

Ich beginne mit 2.112: TILLICH eröffnet durch die Ablehnung diastatischen Denkens als theologischer Denkfigur die Möglichkeit, autonomes Denken, vor allem die Philosophie, aber auch Erfahrungswissenschaften, in die Theologie zu integrieren. Vorteil und Grenzen dieses Versuchs sollen kurz am Beispiel der Ekklesiologie demonstriert werden.[2] Positiv muß festgehalten werden, daß TILLICH dieses Thema nicht abseits von sozialen, politischen und psychologischen Faktoren bearbeitet. Er lehnt jede "Exklusivität"[3] theologischer Interpretation der Kirche als unzureichend ab.

Problematisch bleibt jedoch die Tatsache, daß er eine im "Unbedingten" wurzelnde Dialektik beibehält, die letztlich eine philosophisch gefaßte Gotteslehre ist und die dazu führt, daß er von dem "Paradox"[4] der Einheit der

---

1) cf dazu ausführlicher in 3.12
2) cf STH III, S. 176ff
3) ebda S. 196
4) ebda S. 198

Kirchen sprechen kann. Das bedeutet, daß von der Einheit der Kirche trotz ihrer aktuellen Gespaltenheit gesprochen werden kann. "Das Prädikat der Einheit ist von empirischen Wirklichkeiten und praktischen Möglichkeiten unabhängig. Es ist identisch mit der Abhängigkeit jeder aktuellen Kirche von der Geistgemeinschaft als ihrer geistigen Essenz."[1] Das ist ein typisches Beispiel für die Immunisierung gegen erfahrungswissenschaftlich feststellbare Sachverhalte. Weil die Kirche sich ad oculos nicht als einheitlich präsentiert, wird eine Verdoppelung der Wirklichkeit vorgenommen, die die Einheit auf einer anderen Ebene behauptet. Dadurch wird die Aussage, daß die Kirche eine Einheit sei, so formuliert, daß sie jeder empirischen Kritik entzogen wird und damit für eine Handlungsorientierung unbrauchbar wird.

Es erscheint sinnvoller, die überprüfbaren Fragen zu verfolgen, ob und in welcher Weise z.B. im Blick auf kirchliche Traditionen, Ursprünge, verbindliche oder wichtige Dokumente etc. von einer Einheit gesprochen werden kann, ob und wie stark die Intention auf Gemeinsamkeit bzw. Einheit faktisch vorhanden ist und ob sie realisiert werden kann. Diese Kritik bedeutet keine Akzeptation der Normativität des Faktischen, in diesem Falle also der aktuellen Gespaltenheit der Kirche; sie impliziert keine Resignation, die sich auf die Analyse gegenwärtiger Strukturen beschränkt. Sie beinhaltet aber die Behauptung, daß jede theologische Differenzstruktur, die ein unkontrollierbares Glied hat - z.B. hat die Differenz zwischen existentieller Gespaltenheit und essentieller Einheit letzteres als unüberprüfbares Glied - entweder fallengelassen oder in eine überprüfbare Differenz überführt werden muß. Es ist also nicht sinnvoll zu sagen: Phänomenologisch sind die Kirchen viele, aber eigentlich besteht nur eine Kirche. Es kann aber sehr

---

1) ebda

wohl sinnvoll sein zu sagen: Trotz der feststellbaren Gespaltenheit der Kirche gibt es in ihr ein Bewußtsein von oder eine Hoffnung auf Einheit der Kirche. Und es kann auch sinnvoll sein zu begründen, warum eine Einheit der Kirche angestrebt werden soll. Diese Einheit kann kontrafaktisch als Ziel gefordert, aber nicht als verborgener Zustand behauptet werden. Diese Formulierungen sind im Gegensatz zu denen TILLICHs überprüfbar.[1)]

Gegen sie könnte man in TILLICHs Sinn einwenden, daß sie als Fragestellungen selbstverständlich richtig und berechtigt sind, daß die Religionssoziologie sie bearbeiten solle und deren Ergebnisse dann von der Theologie verarbeitet werden könnten. TILLICH selbst braucht sie jedoch nicht zu verfolgen, da die abstrakte Relation von Kirche in ihrer historisch gewordenen und in ihrer unsichtbaren essentiellen Gestalt in jeder geschichtlichen Situation stimmen muß, d.h. nie durch Erfahrung widerlegt werden kann. Damit nimmt TILLICH letztlich der aktuellen Kirche ihre Bedeutung und vernachlässigt als Konsequenz davon auch den wissenschaftlichen Zugriff, der sich um eine Analyse gegenwärtiger kirchlicher Strukturen bemüht.

Im Zusammenhang der Frage nach theologischen Voraussetzungen, die eine Erarbeitung handlungsorientierenden theologischen Wissens fördern oder behindern, ist im Blick auf 2.112 ein zweiter Punkt wichtig: TILLICHs Verständnis von Apologetik hat eine Wandlung erfahren. Apo-

---

1) Um Mißverständnissen vorzubeugen, muß bereits hier darauf hingewiesen werden, daß die symbolische Aussage 'Es gibt eine Einheit der Kirche' zwar als Gegenstand theologischer Forschung erscheinen kann, aber kein sinnvoller Bestandteil theologisch-wissenschaftlicher Aussagesysteme sein kann, da diese metasymbolisch formuliert sein müssen, wenn sie handlungsorientierende Funktion haben sollen. (Zu dieser Unterscheidung zwischen symbolischer und metasymbolischer Sprachebene cf 3.21)

logetik war für TILLICH bis zum I. Weltkrieg ein zur Theologie hinzukommender Teil, der eine theologisch gewonnene, in sich begründete Wahrheit gegen andere Positionen verteidigen sollte. Später wird Apologetik als Bezeichnung für einen Typ von Theologie verwendet, der sich dadurch auszeichnet, daß hier die christliche Botschaft in eine je neue geschichtliche Situation hinein vermittelt wird, wobei die Wahrheit erst in der Konfrontation mit den Fragestellungen und Bedürfnissen der Zeit gefunden und formuliert werden kann. Im Zuge dieser Veränderung dynamisiert TILLICH sein Verständnis von Wahrheit, indem er ihre Erkenntnis und Angemessenheit bewußt auf die geschichtliche Situation bezieht. Er gibt hierdurch der Gegenwart und den Techniken ihrer Analyse ein stärkeres Gewicht.

Aber auch hier bleiben Probleme offen: Dieser Wandel führt nämlich erstens zu begrifflichen Unschärfen.[1] Zweitens bringt TILLICHs Bindung der Wahrheit an die Situation letztlich keinen sachlichen Gewinn, da sie nicht so formuliert wird, daß sie auf einer nachvollziehbaren Ebene wirkungsvoll kritisiert werden kann, wie das oben angeführte Beispiel zeigt.

Ähnliche Schwierigkeiten ergeben sich im Blick auf 2.113. TILLICH versucht, über SCHELLING hinausgehend, eine Interpretation menschlicher Existenz zu geben, die Konflikte

---

1) Es bleibt z.B. unklar, ob 'apologetische Theologie' als ein selbständiger Typ von Theologie aufgefaßt werden muß, von dem aus andere Formen theologischen Denkens kritisiert werden können. Diese Bestimmung scheint in der Diskussion der BARTHschen Theologie weitgehend vorausgesetzt zu sein. Andererseits formuliert TILLICH aber: "Die kerygmatische Theologie bedarf der apologetischen Theologie als notwendiger Ergänzung." (STH I, S. 12) Hier entsteht der Eindruck, daß weder die kerygmatische noch die apologetische Theologie sinnvoll als selbständige Typen auftreten, sondern verschiedene Funktionen innerhalb der Theologie als ganzer sind.

und Widersprüche individuellen und kollektiven Lebens nicht spekulativ umdeutet und so eine Rechtfertigung für bestehende Verhältnisse abgibt. Er bleibt jedoch vorwiegend der Systematik spekulativer Lösungsversuche verhaftet. Als Beispiel dafür kann etwa die starke Ausdifferenzierung der Kategorien Essenz und Existenz[1)] angesehen werden, die nicht in eine differenzierte Analyse dessen, was schlecht ist und was als besser angestrebt werden könnte, überführt wird, sondern spekulativ - im Sinne von 'unüberprüfbar' - bleibt und damit die Gefahr in sich birgt, die theologische Diskussion um ein esoterisches Sprachspiel zu bereichern, das in seiner Abstraktheit theologische Arbeit von der Lösung der von TILLICH ansatzweise gesehenen Konflikte und Widersprüche ablenkt.[2)]

Die Frage-Antwort-Korrelation (cf 2.121) hebt auf der Frageseite die Bedeutung der Anthropologie hervor und hat damit einen 'Anknüpfungspunkt' theologischen Denkens, der eine theologische Integration wissenschaftlicher

---

1) cf z.B. STH I, S. 101ff und 175ff

2) In der Sekundärliteratur - besonders der deutschsprachigen - ist in der Tat die Diskussion nicht darüber geführt worden, ob es TILLICH gelungen ist, Konflikte und Widersprüche der Existenz in seiner Theologie ausreichend zu thematisieren, sondern ob es ihm gelungen ist, "dem Bekenntnis der neutestamentlichen Schriften und der kirchlichen Dogmen der alten Kirche ... gerecht" zu werden (SCHMITZ 1966, S. 250), ob die "Frage-Antwort-Dialektik ... der Frage notwendig eine hermeneutische Vorrangstellung zuerkennen" muß (NÖRENBERG 1966, S. 223), ob "die Offenbarungsantwort ... substantiell Fragen aufwerfen könnte, die im Material der menschlichen Frage vielleicht noch nicht einmal dämmern" (WOLFF 1961, S. 131), ob die "Erkenntnis der Frage wirklich unumkehrbar von der göttlichen Antwort abhängt" (PANNENBERG 1965, S. 249) und ob "die Fraglichkeit des Daseins wirklich etwas mit dem Gott zu tun hat, von dem die christliche Verkündigung redet." (ebda) Dies alles sind Fragen, die die dogmatische Richtigkeit der Methode der Korrelation problematisieren und nicht primär auf eine handelnde Aufhebung existentieller Widersprüche und Konflikte zielen.

Anthropologie wünschenswert erscheinen läßt. Das bleibt aber in TILLICHs Koordinatensystem problematisch, weil die anthropologisch gestellte Frage und die theologisch gegebene Antwort nicht in einem offenen Wechselverhältnis stehen, sondern die Frage als bereits im Reflexionshorizont der Antwort gestellte letztlich normativ von der Offenbarung als Antwort abhängig bleibt.[1] Zudem

---

1) Darauf hat WEISCHEDEL wiederholt hingewiesen: "Er (TILLICH) beginnt seine philosophische Theologie zwar mit dem 'radikalen Zweifel' und erblickt den Ursprung des Philosophierens in einem 'Schock des möglichen Nichtseins' angesichts des 'Abgrundes der Sinnlosigkeit'. Aber dieser 'radikale' Zweifel ist nicht radikal genug, um die Überzeugung von einer letzten Sinnhaftigkeit anzutasten. Sie drückt sich in Tillichs - reichlich ungeklärtem - Begriff des Logos aus. Dieser, der in allem waltet (als Vernunft im menschlichen Geiste, als rationale Struktur in der Wirklichkeit), erhält seine letzte Unantastbarkeit von daher, daß er mit dem inkarnierten Logos identisch ist. Die Behauptung einer solchen Identität aber ist - worauf Tillich selber hinweist - 'eine Glaubensaussage, die nur von dem gemacht werden kann, der durch den Christus ergriffen ist'. Die Überwindung der Radikalität des Zweifels, mit der Tillich genuin philosophisch begonnen hatte, in der Gewißheit einer letzten Sinnhaftigkeit, gründet also im Glauben. Die vorgebliche philosophische Theologie Tillichs ist in Wahrheit eine maskierte Theologie der Offenbarung." (1961 a, S. 245)
cf auch KIMMERLE (1969) S. 13 Anmerkung 1
Ähnlich - nur am Seinsbegriff demonstriert - lautet WEISCHEDELs Kritik in 'Paul Tillichs philosophische Theologie': TILLICH setze zwar mit dem philosophischen Begriff des Seins ein; über den philosophischen Seinsbegriff lege sich jedoch ein theologischer Seinsbegriff, der nicht bruchlos mit dem philosophischen zu verbinden sei. (cf WEISCHEDEL 1961 b, S. 36)

ZAHRNT (1966) hat das so ausgedrückt: "Philosophie und Theologie umfassen sich nach Tillichs eigenen Worten wechselseitig - aber die Theologie hat dabei die kräftigeren Arme." (S. 418) verhindert die Qualifizierung der Frage als 'schöpferisches Selbstverständnis der Existenz' eine differenzierte Aufnahme des Problems kirchlicher Gestaltung.

TILLICH hat 1919 prognostiziert, daß die Kirche sich im Gegensatz zu der Zeit vorher, in der sie sich vorwiegend mit dogmatischen Fragen beschäftigte, ethischen Fragen zuwenden werde: "Es war die dogmatische Fragestellung, welche bisher die Kirche bewegte; von nun an wird es die ethische sein. Noch sind die evangelischen Kirchen darauf nicht vorbereitet; weder die theoretischen noch die praktischen Probleme sind geklärt."[1] In der 'Systematischen Theologie' jedoch reduziert er die Aufgabe des Theologen auf die "Erfüllung einer der wesentlichsten Funktionen der Kirche, nämlich (sc. der Erstellung) ihres theologischen Selbstverständnisses."[2] Damit fällt TILLICH hinter seine frühere Intention zurück, Selbst- und Weltverständnis vorwiegend als unmittelbare Voraussetzung kirchlicher Gestaltung zu thematisieren, wie er das in der Schrift "Der Sozialismus als Kirchenfrage" (1919)[3] getan hatte. Wenn man auch nicht ausschließen kann, daß TILLICHs Beschreibung christlichen Selbst- und Weltverständnisses in der 'Systematischen Theologie' eine indirekte Voraussetzung der Gestaltung sein kann, so tritt dennoch die von TILLICH 1919 für vorrangig gehaltene Frage in den Hintergrund. Ausgehend von der Notwendigkeit kirchlicher Gestaltung entsteht durch die Frage-Antwort-Korrelation zudem das Problem, daß Gestaltungsmöglichkeiten und -notwendigkeiten durch den normativen Charakter der Antwort beschnitten bzw. bestritten werden. Ist es nicht sinnvoller, davon zu sprechen, daß in offenen Situationen, in denen eine Entscheidung

---

1) WW II, S. 13
2) STH I, S. 17
3) WW II, S. 13ff

u.a. dadurch herbeigeführt werden soll, daß man Traditionen befragt, diese Entscheidung nicht durch eine 'Antwort' der Tradition getroffen wird, sondern daß eine Entscheidung durch eine vorbehaltlose Konfrontation zwischen gegenwärtiger Situation und den Möglichkeiten ihrer Gestaltung auf der einen und der in den Texten niedergelegten Erfahrung auf der anderen Seite angestrebt wird. Das würde bedeuten, daß die 'Antwort' kein normatives Gewicht erhält, sondern als Angebot aufgefaßt wird.[1)]

TILLICH versucht (cf 2.122), durch die Angabe zweier Schritte den "Gebrauch der Methode der Korrelation"[2)] zu verdeutlichen. Die Explikation dieses Gebrauchs ist jedoch über die Einteilung in zwei Schritte hinaus keine methodologische, sondern eine inhaltliche.[3)] Von daher muß man bestreiten, daß die Methode der Korrelation eine Methode ist, wenn man darunter die Angabe von Regeln versteht, die die Erarbeitung von Erkenntnissen in nachprüfbarer Form gewährleisten sollen. Der Notwendigkeit einer solchen oder ähnlichen Definition von Methode, auch von theologischer Methode, kann man in der Intention auf die Integration außertheologischen Wissens in die Theologie nicht ausweichen.

TILLICH relativiert (cf 2.123) den christlichen Absolutheitsanspruch, sofern er in dogmatischer, prinzipieller Form erhoben wird. Das Ungenügende dieses Versuchs wird

---

1) so auch SIEMERS (1970), der der Frage nachgeht, ob "Theologie als kritisch-rationale Wissenschaft möglich" (S. 197) ist: "Eine kritisch-rationale Theologie macht Vorschläge zur Gestaltung unseres Lebens. Sie greift dabei kritisch auswählend auf die Tradition zurück, stützt sich auf ein immer wieder zu korrigierendes Verständnis von Welt und Mensch und unterwirft auch den normativen Gehalt ihrer Vorschläge der ständigen Prüfung." (S. 215)

2) STH I, S. 76

3) ebda S. 77-79

sinnvollerweise erst nach der Analyse des Symbolbegriffs herausgestellt.

Er behauptet ferner, daß die materiale Norm des Christentums nicht ein für allemal festgelegt werden kann. Diese Norm muß auf eine Analyse des jeweils gegenwärtigen Zeitalters bezogen sein und ist dadurch offen für eine Wandlung. Jedoch wird die von TILLICH erstellte Norm nicht intersubjektiv ausweisbar begründet. Es fehlen Angaben darüber, wie eine Norm der Theologie so gewonnen werden kann, daß sie unabhängig von der Person eines einzelnen Theologen erstellt wird.

Wenn TILLICH weiter die Legitimität theologischer Aussagen nicht mehr nur an ihrer 'Schriftgemäßheit' ausgewiesen sehen will, sondern ihre Wahrheit für auch an die Erfahrung von 'Neuem Sein', von heilem Leben gebunden hält, gibt er ansatzweise die Möglichkeit, über theologische Aussagen in verständlichen, mitteilbaren, auf gegenwärtige Situationen bezogenen Begriffen zu sprechen und zu urteilen. TILLICH verzichtet aber weitgehend auf eine differenzierte Aufarbeitung der geschichtlichen Erfahrungen, die er als Erfahrungen von 'Neuem Sein' bezeichnen könnte.

TILLICH lehnt (cf 2.124) eine Interpretation der Begriffe Essenz und Existenz ab, die die Essenz als Idee versteht, an der die Wirklichkeit gemessen werden kann. Sein Gebrauch dieser Begriffe führt jedoch im Bereich der Anthropologie zur Gefahr einer Fehlinterpretation faktischer Lebens- und Lernprozesse. Darauf haben vor allem BONHOEFFER und COX hingewiesen.

BONHOEFFER wehrt sich gegen TILLICHs Versuch, die Welt und den Menschen religiös zu deuten:[1] "Tillich unternahm es, die Entwicklung der Welt selbst - gegen ihren Willen - religiös zu deuten, ihr durch die Religion ihre

1) BONHOEFFER (1944) S. 219

Gestalt zu geben. Das war sehr tapfer, aber die Welt warf ihn vom Sattel und lief allein weiter; ... er wollte die Welt besser verstehen, als sie sich selbst verstand; sie aber fühlte sich völlig mißverstanden und wies ein solches Ansinnen ab."[1] Von BONHOEFFER aus gesehen ist TILLICHs Apologetik ein Versuch, dem mündig gewordenen Menschen zu beweisen, daß er letztlich immer von Gott abhängig ist, selbst wenn er sich dessen gar nicht bewußt ist. Für ihn ist es offen, ob der Mensch die Frage in TILLICHs Sinn ist oder ob TILLICH dies nur postuliert, um die traditionellen Symbole des Christentums zu retten.[2]

COX hat sehr scharf kritisiert, daß TILLICH auf eine differenzierte Situationsanalyse verzichtet: "Tillichs Vorgehen läßt keinen Platz für den pragmatischen Menschen. Es ist auf der Voraussetzung aufgebaut, daß der Mensch seiner ganzen Natur nach die letzten oder existentiellen Fragen stellen muß. ... Tillich spricht diejenigen an, die noch das Bedürfnis haben, religiöse Fragen zu stellen, auch wenn sie in untraditioneller Weise gestellt werden. Er glaubt, daß diese Fragen in der Grundveranlagung der menschlichen Existenz eingeschlossen sind. Die Schwierigkeit ist aber, daß es offenbar keine Fragen sind, die bei jedem, ja nicht einmal bei den meisten Menschen auftreten. Sie behelligen den neuerdings heraufkommenden urban-säkularen Menschen nicht gerade sehr häufig. Sie kommen in Wirklichkeit überhaupt nicht aus der Struktur der Existenz, sondern von der Auflösung überkommener Weltanschauungen und kultureller Sinngebung

---

1) ebda

2) cf dazu ebda S. 216f und MILDENBERGER (1969) S. 83: Die ganze Frage-Antwort-Korrelation hängt an der Voraussetzung, daß "die notitia dei naturalis insita wenigstens als Frage bewußt wird. ... Aber wird sich der Zeitgenosse - wir selbst als solche Zeitgenossen zuerst! - verstanden fühlen, wenn man ihn sich von solcher wesenhaften Gottesbeziehung her verstehen heißt?"

her. ... Im Zeitalter der säkularen Stadt sind die Fragen, mit denen wir uns beschäftigen, im wesentlichen funktionaler und operationaler Art. Wir überlegen uns, wie Macht kontrolliert und verantwortlich gebraucht werden kann. Wir fragen danach, wie eine vernünftige internationale Ordnung ausgestaltet werden könnte in dieser technischen Gesellschaft, die uns überfallen hat. ... Das sind pragmatische Fragen, und wir sind Pragmatiker, die an Religion höchstens am Rande interessiert sind. ... Wenn wir den pragmatischen Menschen annehmen, wie er ist, bedeutet das, daß wir Tillich den Abschied geben müssen."[1)]

TILLICH hat besonders in Amerika, als er auf nominalistisches Denken stieß, das angesprochene Problem gesehen. In einer amerikanischen Vorlesung sagt er: "This principle of identity is very hard to understand by people educated in nominalistic thinking, as you all are, whether you know it or not. The nominalistic mind is a mind which sees particulars and relations of particulars, ... The very question of an ultimate identity is very difficult to comprehend. But at least one historical fact should be realized, namely, that by far the greatest part of mankind is not nominalistic, that all Asian religions are based on the principle of identity, and that Greek philosophy from the very beginning started with it ..."[2)] Dies alles zeigt aber,

---

1) COX (1965) S. 93-96
Ähnlich HAMILTON (1963) S. 120f: "Equally, if we take Tillich's alternative term, 'situation', it is by no means proven that the Christian message is the answer to the question asked by the human situation. We may believe, if we are Christians, that Christianity is the answer to the particular problems confronting us. But to believe that Christianity answers our problems, and will answer other men's problems as well is a very different thing from saying that it can be demonstrated that Christianity as such answers the human situation as such."

2) Perspectives, S. 143

daß TILLICHs Versuch, konsequent geschichtlich zu denken, nicht dazu führt, seine grundlegende Denkfigur von Differenz und Identität, von Entfremdung und Aufhebung von Entfremdung, von existentiellen Widersprüchen und essentieller Einheit (cf auch 2.122) an nachprüfbar reflektierten, faktisch ablaufenden Lebensprozessen zu demonstrieren, sondern daß er sich damit begnügt, diese Grundstruktur als universal gültige zu behaupten und gegen anderes Denken (Nominalismus) notfalls ohne inhaltliche Auseinandersetzung durchzuhalten. Die anthropologische Begründung der Methode der Korrelation erweist sich somit als eine Glaubensaussage.

In einem Dialog mit dem Psychotherapeuten Rogers sagt TILLICH: "... now the fundamental point is that I believe, metaphorically speaking, man lives not only in the horizontal dimension, namely the relationship of himself as a finite being to other finite beings, observing them and managing them, but he also has in himself something which I call, metaphorically, the vertical line; the line not to a heaven with God and other beings in it, but what I mean with the vertical line is towards something which is not transitory and finite ... Man has an experience in himself that he is more than a piece of finite objects which come and go. He experiences something beyond time and space."[1)]

TILLICH erfüllt sein Programm einer konsequenten geschichtlichen Reflexion nicht, weil er weitgehend darauf verzichtet, die Differenz zwischen Essenz und Existenz realgeschichtlich als Differenz zwischen tatsächlichem und erhofftem, intendiertem Leben zu reflektieren und ihre Verkleinerung anzustreben.

---

1) PAUL TILLICH and CARL ROGERS: A Dialogue, S. 60 (Hervorhebung im Zitat vom Vf.)

2.133 Vergleichbarkeit vergangenheits- und gegenwartsbezogener Forschung

Alle Ergebnisse der kritischen Zusammenfassung des vorigen Abschnittes sind auch im Blick auf die zweite Leitfrage nach der Vergleichbarkeit vergangenheits- und gegenwartsbezogener Forschung wichtig. Das ist eine notwendige Folge des Zusammenhanges der für die erste und zweite Leitfrage gemachten Voraussetzungen, von denen die zweite die erste voraussetzt und einen zusätzlichen Punkt angibt (cf 2.131). Deswegen soll jetzt über das im vorigen Abschnitt Gesagte hinaus nur noch die Relation von Frage und Antwort hinsichtlich ihrer Vergleichbarkeit problematisiert werden.

TILLICH hat in seiner Theologie versucht, vergangenheits- und gegenwartsbezogene Wissenschaften zu integrieren und aufeinander zu beziehen. Der Theologe steht in der Polarität von Botschaft und Situation.[1] Er muß jeder neuen Generation die christliche Wahrheit neu auslegen. Methodisch bedeutet das, daß er sowohl die gegenwärtige Situation als auch die für die Botschaft grundlegenden Texte analysieren muß. Beides tut TILLICH. Es gelingt ihm auch, beide Arbeitsbereiche so miteinander in Beziehung zu setzen, daß sie nicht unvermittelt auseinanderfallen. Er überwindet somit - zumindest für sein eigenes theologisches Denken - eine unproduktive Zersplitterung der theologischen Disziplinen.

Bei genauerem Zusehen erweisen sich jedoch seine Techniken der Analyse als unzureichend:

Die Analyse dessen betreffend, was TILLICH 'Botschaft' nennt, ist in der theologischen Sekundärliteratur wiederholt mit Recht darauf hingewiesen worden, daß TILLICH

---

1) cf STH I, S. 9ff

die Quellen des Christentums nicht historisch analysiert,[1] sondern Einzelheiten herausnimmt, die er großzügig und absichtsvoll in seine Gedankengänge einordnet. Obwohl TILLICH das Recht und die Notwendigkeit historischer Forschung zugesteht, tritt sie in seiner Theologie sehr stark in den Hintergrund.

Dem Mangel an historischer Forschung gegenüber der 'Botschaft' entspricht auf der Seite der Situationsanalyse ein Mangel an empirischer Forschung.[2] TILLICH begnügt

---

1) Dazu einige Belege: Was "die christlichen 'Symbole' Leben, Geist, Wort, Schöpfung und so weiter besagen, das wird nicht erst aus den Quellen zu ermitteln versucht, sondern gleich mit den ontologischen Fragen und mit der fundamentalen Aussage, daß Gott das Sein-Selbst ist, konfrontiert und von daher verständlich gemacht." (SCHMITZ 1966, S. 275)
SCHRÖER (1960) S. 161 zitiert TILLICH aus STH I, S. 161: "Der entscheidende Zug seines Bildes ist die ständige Selbstpreisgabe des Jesus, der Jesus ist, an den Jesus, der der Christus ist" und fährt fort: "Man wird bei Tillich wirkliche Exegesen zu diesen Thesen nicht finden. Er beschränkt sich auf kurze biblische Hinweise."
Ähnlich BRÜGMANN (1968): "Das Unbedingte ist in der Geschichte erschienen, in der Geschichte Jesu von Nazareth. Der christliche Glaube steht und fällt mit dem historischen Faktum der Erscheinung des Christus. Bei Tillich liegt das Gewicht nun aber gerade nicht in der Geschichte. Vielmehr klaffen bei ihm das Unbedingte und das historische Faktum auseinander. Das Letztere interessiert nur als Transparent für das Sein-Selbst, das hinter ihm aufleuchtet. Der geschichtliche Charakter der Offenbarung verflüchtigt sich zugunsten eines ungeschichtlichen Hintergrundes der Welt." (S. 56)

2) In einem Vergleich der Begriffe Korrelation (TILLICH) und Korrespondenz (SHERRILL) stellt HOLLWEG (1971) S. 424 fest: "Man könnte den Unterschied auch darin fassen, daß Situationsanalyse für Tillich meint: philosophische Analyse, die nach dem Selbstverständnis und der schöpferischen Selbstinterpretation der menschlichen Existenz fragt ..., während es Sherrill um empirische Analyse zu tun ist".

sich mit einer Analyse dessen, was er den 'geistig-kulturellen Gesamtausdruck' nennt, verzichtet aber auf eine methodisch gesicherte Analyse der entsprechenden Gesellschaft und lehnt es ab, empirisch feststellbare Zustände als sinnvolles Problemfeld theologischer Forschung zu betrachten. Die Problematik, die sich aus dieser Vernachlässigung ergibt, zeigt sich z.B. in TILLICHs Intention, die christliche Botschaft für jede Generation neu auszulegen. Denn er geht der Frage, ob nicht die innere Differenzierung einer Generation größer ist als der Unterschied von einer Generation zu der nächsten, nicht nach. Die Vermutung liegt nahe, daß TILLICHs Erfahrung der einheitlichen Kultur des ausgehenden 19. Jahrhunderts und seine Krisenerfahrung nach dem 1. Weltkrieg, die wirklich eine ganze Generation betraf, der Erfahrungshintergrund dafür ist, daß er meint, auch später noch für eine ganze Generation interpretieren zu können.

Der Mangel an historischer und empirischer Forschung bewirkt, daß sich für TILLICH die Frage nach einer methodisch gesicherten Vergleichbarkeit historischer und empirischer Forschung, wie sie die Leitfrage postuliert, gar nicht stellt, da er die von dieser Art Forschung erfaßbaren Sachverhalte für vordergründig hält und eine Vermittlung in einer hinter der empirischen und historischen Faktizität liegenden Dimension versucht, die nicht methodisch ausgewiesen zu werden braucht.

Insgesamt kann also als Ergebnis festgehalten werden, daß TILLICHs Intention auf Integration anderer Wissenschaften (erste Leitfrage) und seine Verhältnisbestimmung von Botschaft und Situation (zweite Leitfrage) zwar im Vergleich zu diastatischen und orthodoxen Formen von Theologie der Erarbeitung handlungsorientierenden theologischen Wissens förderliche systematische Vorentscheidungen enthält, daß jedoch die von ihm verwendeten Begriffe und die Methoden der Analyse durch ihre Unüberprüfbarkeit und Undifferenziertheit von der Erarbeitung handlungsorientierenden theologischen Wissens eher ablenken als sie provozieren.

Die Prüfung der Methode der Korrelation endet also im wesentlichen negativ. Deswegen werden die beiden in den Leitfragen steckenden Probleme an späterer Stelle als Frage nach den Integrationsmöglichkeiten außertheologischer Forschungsergebnisse in die Theologie (cf 3.11) und als Frage nach der Vergleichbarkeit vergangenheits- und gegenwartsbezogener Analyse (cf 3.12) sinnvollerweise ohne Bezug auf TILLICHs Methode der Korrelation noch einmal aufgenommen.

2.2 Symbolbegriff

2.21 Ausgangsprobleme

2.211 Symbole, Religion und Gesellschaft

Der Symbolbegriff hat für das Denken TILLICHs fundamentale Bedeutung. Denn: "Das Symbol ist die Sprache der Religion. Es ist die einzige Sprache, in der sich die Religion direkt ausdrücken kann. Indirekt und reflektiert kann sie auch in theologischen und philosophischen Begriffen und in künstlerischen Bildern Ausdruck finden, aber ihr primärer Ausdruck ist das Symbol oder eine Gruppe von Symbolen, die wir Mythos nennen. Ist diese Grundthese verstanden, bedarf es keiner besonderen Rechtfertigung der religiösen Symbole."[1)]

Das heißt aber nur, daß dort, wo Religion vorausgesetzt wird, religiöse Symbole nicht gesondert begründet werden müssen. Dann aber verschiebt sich das Problem, wie man die Bedeutung religiöser Symbole einsichtig machen

---

1) WW V, S. 237

kann, zu der Frage, welchen Sinn und welche Funktion die sich in Symbolen ausdrückenden Religionen für individuelle und kollektive Lebensprozesse haben bzw. haben sollen.

Drei Stellungnahmen TILLICHs zu diesem Problemkomplex, der die für ihn mit den Symbolen verbundenen Hoffnungen zeigt, sollen durch drei Beispiele knapp dargestellt werden:

1. In der Schrift 'Die sozialistische Entscheidung' (1933)[1] fordert TILLICH zu einer Entscheidung für den Sozialismus auf. Doch dieser Sozialismus hat gegen den Nationalsozialismus keine Durchsetzungschance, solange er nicht dazu in der Lage ist, den sozialistischen Glauben in 'symbolkräftiger Form' auszudrücken. Die sozialistische Bewegung muß massenwirksame Symbole prägen. Nur sie könnten eine wirkungsvolle Gegenmacht gegen die ursprungsmythischen Motive sein, denen der Nationalsozialismus seine wirkungskräftigen Symbole verdankt. TILLICH vermutet, daß solche von einer sozialistischen Bewegung geprägten Symbole nicht "ganz außerhalb der Tradition der religiösen Symbolsprache stehen werden".[2] Er hofft also in dieser Situation, u.a. durch den Gebrauch von Symbolen politisch die Integration von Massen gegen eine ursprungsmythische Ideologie zu bewirken, die in der Lage war, massenwirksame Symbole zu schaffen. Die Bestimmung der Wirkung von Symbolen ist also bezogen auf den damaligen sozialpsychologischen Kontext. Das bleibt auch in der Folgezeit so.

2. TILLICH äußert sich 1942 erneut zu dem Problemkomplex. Sein Thema lautet hier: 'Die Botschaft der Religion an den heutigen Menschen'.[3] Er unterscheidet in diesem

1) WW II, S. 219ff
2) ebda S. 351
3) WW X, S. 213ff

Aufsatz zwei Dimensionen: "die Vertikale und die Horizontale, wovon die erste auf den ewigen Sinn als solchen hinweist, während die zweite die zeitliche Verwirklichung des ewigen Sinnes meint."[1] Beide Dimensionen sind in den westlichen Demokratien auseinandergefallen. Die horizontale hat sich von der vertikalen Dimension gelöst, und dadurch ist der Opportunismus stark geworden, z.B. der "Opportunismus der herrschenden Klassen in den demokratischen Ländern, die den Aufstieg der Diktatoren ermöglichten, ..."[2] Zum anderen hat sich ein illusionärer Utopismus kräftig entwickelt, in den sogar die Religion hineingezogen wurde. Beide Gefahren kann die Religion bekämpfen, und beide kann sie überwinden, wenn sie im Namen der Vertikalen Kritik an Opportunismus und Utopismus übt. Die Religion "arbeitet ... mit uneingeschränkter Hingabe für das Gute und Wahre. ... Sie zerbricht den Utopismus, aber sie zerbricht nicht die Hoffnung. Hoffnung ist das Gegenteil von Utopismus. ... Die Hoffnung vereinigt die vertikale und die horizontale Linie. Deshalb ist das letzte Wort, das die Religion dem heutigen Menschen zu sagen hat, ein Wort der Hoffnung."[3] Die Symbole als ein wesentlicher Teil der Religion sollen Hoffnung vermitteln und dabei naiven Opportunismus und schwärmerischen Utopismus überwinden.

3. TILLICH diagnostiziert 1948 in 'Die Auflösung der Gesellschaft in den christlichen Ländern'[4] den Zusammenbruch eines Integrationszentrums, das in verschiedenen Lebensbereichen heilsame Funktionen innegehabt hatte. Dieser Verlust wurde durch die zunehmende Herrschaft dessen bewirkt, was TILLICH als 'Immanenzprinzip' bezeich-

---

1) ebda S. 214
2) ebda S. 217
3) ebda S. 219
4) ebda S. 280ff

net. Die Herrschaft dieses Immanenzprinzips wird an vier Bereichen menschlichen Lebens verdeutlicht:

Im ersten, dem gesellschaftlichen Bereich, wirkt sich das Fehlen eines einenden Zentrums so aus, daß "automatische Anpassung die einzige Weise ist, in der divergierende politische, kulturelle und geistige Tendenzen reguliert werden können, ... (es) beginnt ein rascher Zerfallsprozeß, und das Bedürfnis nach einem neuen Zentrum wird lebhaft empfunden. Der Erfolg aller sogenannten totalitären Bestrebungen erklärt sich aus der Tatsache, daß sie dies Bedürfnis zu befriedigen scheinen."[1)]

Der zweite Bereich ist die Familie. Hier bewirkt das Fehlen eines integrierenden Zentrums, daß die Familie ein utilitaristischer Funktionszusammenhang wird. "Sie erfüllt das Bedürfnis des Geschlechtsverkehrs; sie stellt die kleinste ökonomische Einheit dar; sie garantiert die Einführung der jüngeren Generation in eine traditionelle Form der Lebensführung; ..."[2)]

Der dritte Bereich ist das Individuum. Selbst die von psychoanalytisch heilbaren Symptomen freie Persönlichkeit braucht einen Integrationspunkt, braucht Ziele und Werte, die den Charakter eines 'letzten' Interesses tragen. Denn nur so können die verschiedenen Teilinteressen sinnvoll koordiniert werden.

Der vierte Bereich ist das Verhältnis des Menschen zu Sachen. Er wird beschrieben durch die 'Verkehrung von Mitteln in Zwecke'. Die Frage nach dem Wozu und Wohin wissenschaftlicher Aufarbeitung und technischer Verwertung wird nicht mehr gestellt. Dieses Verhältnis zu den Dingen greift auf den Menschen über: "Der Mensch selbst wird zu einem Mittel im Dienst von 'Dingen' und wird

---

1) ebda S. 282
2) ebda S. 284

innerlich leer, indem er ohne letzten Zweck einen vorläufigen Zweck nach dem anderen verfolgt."[1]

Diese Situation führt in allen Bereichen zu der Notwendigkeit, das verlorene Integrationszentrum wiederzugewinnen, womöglich in der Dimension des Religiösen. Gesucht werden muß nach "einem neuen geistigen Mittelpunkt, der wahrhaft transzendent, unbedingt und universal ist. Die Verkündigung der Kirche sollte den Weg zu einer Antwort zeigen können."[2]

TILLICH ist in diesem kurzen Durchgang etwas gegen sein Verständnis von sich selbst dargestellt worden. Denn er bestreitet, daß die funktionale Fragerichtung für die Betrachtung der Religion angemessen ist: "Kann denn Religion überhaupt in den Dienst einer anderen Sache gestellt werden? Die Antwort darauf lautete natürlich: nein."[3] Dennoch läuft TILLICHs Gedankengang letzten Endes an vielen Stellen auf eine Beantwortung der Frage hinaus: Wie kann Religion zur individuellen und kollektiven Integration beitragen? Oder noch schärfer: Wie kann Religion - angesichts der Zerrissenheit und Zwiespältigkeit oder Objekthaftigkeit des menschlichen Lebens - Integration in der tiefsten Dimension bewirken? TILLICH selbst formuliert die Frage anders: "Ergeben sich aus dem lebendigen religiösen Bewußtsein ... irgendwelche Folgen für diese Gesellschaft, seien sie nun schädlich oder segensreich?"[4] Diese Abwehr der funktionalen Fragerichtung wird aufgrund der Definition der Religion gegeben: "Wenn Religion der Zustand des Betroffenseins durch das Unbedingte ist, dann kann sie nicht als Mit-

---

1) ebda S. 287
2) ebda
3) ebda S. 304
4) ebda

tel für irgend etwas gebraucht werden."[1] Diese Definition verhindert als petitio principii die Frage nach der Funktion der Religion für individuelle und kollektive Lebensprozesse, entspricht aber, wie hoffentlich bei der Darstellung der verschiedenen Ansätze von 1933-1948 deutlich wurde, nicht immer dem tatsächlichen Schwerpunkt der Argumentation TILLICHs.

2.212 Autonomes Denken und religiöse Sprache

In der 1962/3 gehaltenen Vorlesung 'Perspectives on 19th and 20th Century Protestant Theology' lehnt TILLICH in einer methodischen Vorbemerkung die einfache, nicht durch Fragestellungen geleitete Wiedergabe historischer Fakten als unsinnig ab[2] und wählt für seine Darstellung der neueren Theologiegeschichte ein für ihn wichtiges Begriffspaar: "There is a point of view which I want to use, namely, the continuous series of attempts to unite the diverging elements of the modern mind. The most important of these attempts will seek to unite the orthodox and the humanist traditions. If the word 'orthodox' seems too narrow for you, then we can speak of the 'classical' tradition instead."[3]

Im Zusammenhang mit der Behandlung BULTMANNS heißt es: "We are all on the boundary line between humanism and Christianity."[4] Was bedeutet diese Grenzlinie für TILLICH, und wie sieht sein Versuch aus, beide Bereiche miteinander in Verbindung zu bringen? Darüber gibt ein 1930 auf einer Berneuchener Arbeitskonferenz gehaltener

---

1) ebda
2) Perspectives, S. 3
3) ebda S. 4 (Hervorhebung im Zitat vom Vf.)
4) ebda S. 228

Vortrag mit dem Titel 'Kirche und humanistische Gesellschaft' Auskunft.[1] Schon in der einleitenden Definition des Begriffs 'humanistische Gesellschaft' spricht TILLICH das für ihn zentrale Problem dieser Auseinandersetzung an: "Humanistische Gesellschaft ist diejenige Gesellschaft, deren Denk- und Lebensformen bestimmt sind durch die Autonomie oder, was dasselbe ist, durch das Sich-Stellen des Menschen auf sich selbst und die von ihm erfaßte Gesetzlichkeit seines Seins und Sinnes."[2] Das zentrale Problem, das mit dem Humanismus bzw. der humanistischen Gesellschaft gesetzt ist, ist das der Autonomie.

Daraus ergibt sich, daß der Konflikt zwischen Kirche und humanistischer Gesellschaft vor allem um die Berechtigung religiöser Inhalte geführt wird. "Angriff und Verteidigung im Kampf zwischen Kirche und humanistischer Gesellschaft drehen sich um das vergegenständlichte Transzendente ..."[3] Dies wird von TILLICH mit dem Supranaturalen[4] gleichgesetzt. Die Kirche hat sich durch die Autonomieforderung und Verwirklichung des modernen Geistes und der modernen Gesellschaft in eine Behauptung der theologischen Sätze als gegenständlich wahr abdrängen lassen. Sie hat sich gegen die Autonomie heteronom entwickelt.

Diese Fehlentwicklung fordert nach Ansicht TILLICHs von der Kirche, wenn sie sich apologetisch auf die Fragen der Zeit einlassen will, einen "radikalen Verzicht auf die supranaturale Gegenstandssphäre ... Jeder Mangel an Radikalität in dieser Beziehung verurteilt sie zu

---

1) WW IX, S. 47ff

2) ebda S. 47

3) ebda S. 56

4) ebda

völliger Erfolglosigkeit."[1] Anders ausgedrückt heißt das, daß die Kirche ihren heteronomen, nicht hinterfragbaren Absolutheitsanspruch aufgeben muß, wenn sie eine sinnvolle und wirksame Kritik der autonomen Vernunft leisten will. Diese Kritik ist nicht vom Prinzip der Heteronomie, sondern vom Prinzip der Theonomie her zu leisten. "Theonomie ist nicht das Annehmen eines göttlichen Gesetzes, das der Vernunft von einer höchsten Autorität auferlegt ist; sie ist autonome Vernunft, die mit ihrer eigenen Tiefe verbunden ist. In einer theonomen Situation aktualisiert sich die Vernunft im Gehorsam gegen ihre Strukturgesetze und in der Macht ihres eigenen, unerschöpflichen Grundes."[2] Mit anderen Worten: Die Struktur der autonomen Vernunft wird in einer theonomen Situation nicht gebrochen, sondern erfüllt.

Die Behauptung, daß Religion sich nur in Symbolen ausdrücken (cf 2.211) kann, und die Forderung, daß die Religion das autonome Denken nicht heteronom überfremden soll, führen zu TILLICHs Programm der 'Deliteralisierung'.[3] Das heißt, daß Symbole ihres wörtlichen, gegenständlichen oder buchstäblichen Sinns entkleidet werden müssen und als Symbole verstanden und auch vermittelt werden müssen, da sonst das moderne Bewußtsein mit Recht Anstoß an ihnen nimmt. Mit diesem Programm stellt TILLICH sich bewußt gegen das Programm der 'Entmythologisierung' von BULTMANN.

Zur Verdeutlichung der Ziele, die TILLICH mit dem Symbolbegriff verfolgt, sollen die Hauptpunkte seiner Kritik an der aus TILLICHs Sicht symbolreduzierenden 'Entmythologisierung' skizziert werden.

---

1) ebda S. 57

2) STH I, S. 103

3) cf Perspectives, S. 228

1. Das Heilige kann sich nur in religiösen Symbolen, nicht in rationalen Begriffen ausdrücken. Diese Dimension menschlicher Erfahrung ist unverzichtbar. Ein Leben ohne sie ist ein verarmtes Leben. "I cannot imagine a poorer life than a life without symbols."[1]

2. Der Protestantismus hat mit fortgesetzter Kritik der Symbole in rationaler und moralischer Richtung das Bewußtsein der Menschen, ihre eigene Verantwortlichkeit zu stark belastet.[2] "Das Gewicht dieser Verantwortung wurde so schwer, daß man es nicht mehr aushalten konnte, und Geisteskrankheiten wurden sowohl in den Vereinigten Staaten als auch in Europa geradezu epidemisch."[3] Die Symbole müssen also zur Entlastung des Bewußtseins des Menschen beitragen. Diese Konsequenz des TILLICHschen Gedankenganges ist unvermeidlich, obwohl sie unter seine eigene Kritik fällt, daß funktionale Interpretationen religiöser Symbole illegitim sind.[4]

3. Der historisch erforschte "Unterschied zwischen historischen, legendären und mythischen Elementen"[5] kann nicht das Kriterium dafür sein, ob Symbole - und wenn ja, welche Symbole - weiterhin vermittelt werden sollen.

TILLICH fordert gegenüber einer symbolreduzierenden oder symbolvernichtenden Entmythologisierung einen "evange-

---

1) God as Reality and Symbol, S. 104

2) cf WW VII, S. 165

3) ebda; cf auch ebda S. 210: Wenn wie z.T. in der protestantischen Theologie "alles auf dem Wort gründet, dann wird dem Bewußtsein, das es aufnimmt, zuviel aufgebürdet." In diesem Zusammenhang steht auch der mehrfach gegebene Hinweis: "C.G. Jung hat die Geschichte des Protestantismus eine Geschichte der fortgesetzten Bilderstürmerei genannt (das heißt der Zerstörung religiöser Symbole)" (ebda S. 23) cf auch Theology and Symbolism, S. 115

4) cf 2.211

5) STH II, S. 119

lischen Katholizismus"[1], der prophetische Kritik und reiche lebendige Symbolik miteinander vermittelt.

2.22 Analyse des Symbolbegriffs

TILLICH hat sich wiederholt um eine Klärung des Symbolproblems bemüht.[2] Im Lauf der Jahre von 1928 bis 1961 hat TILLICH bei der Behandlung dieses Themas einige Änderungen vorgenommen und Zusätze gemacht. Diese Entwicklung soll zunächst nachgezeichnet werden. (2.221) Dabei steht die Frage im Hintergrund, ob Elemente des Symbolbegriffs oder Tendenzen seiner Veränderung als Antworten oder Vorläufer zu Antworten auf die dritte Leitfrage angesehen werden können, auf die Frage also, ob und wie es möglich ist, religiöse Begriffe erfahrungswissenschaftlich zu erfassen, ohne ihre Eigenart zu nivellieren.

Im darauf folgenden Abschnitt (2.222) wird TILLICHs Kernproblem, wie religiöse Symbole in ihrer Sachbezogenheit ausgewiesen werden können, ohne daß man in eine unangemessene gegenständliche Rede über religiöse Inhalte zurückfällt, im Blick auf verschiedene Präzisierungs- und Abgrenzungsversuche diskutiert. Dabei soll gezeigt werden, daß TILLICH mehrere Begründungs- bzw. Erklärungsversuche des Phänomens religiöses Symbol in seine Theorie aufgenommen hat, die nicht miteinander zur Deckung gebracht sind, und daß dies dazu führt, daß TILLICHs

---

1) WW VII, S. 157

2) Im Anhang zum Literaturverzeichnis findet sich ein Überblick über die wichtigsten zusammenhängenden Texte mit den Angaben ihrer verschiedenen Veröffentlichungsorte. Das erscheint mir nötig, weil durch Übersetzungen, Rückübersetzungen und durch überarbeitete Neuauflagen sich auch die Titel z.T. änderten. Beigefügt sind auch einige wichtige Stellenangaben über zusammenhängende Äußerungen zum Symbolproblem, die im Zusammenhang einer weitergespannten Thematik geschrieben wurden.

Symboltheorie mal stärker anthropologisch, mal stärker ontologisch und mal stärker wissenschaftlich ausgerichtet zu sein scheint.

2.221 Struktur

Die Gliederung dieses Abschnittes entspricht der Gliederung der abschließenden Stellungnahme TILLICHs zum Symbolbegriff.[1] Nicht alle Punkte sind für die angegebenen Fragestellungen von unmittelbarer Bedeutung. Dennoch kann im Interesse einer sachgemäßen Darstellung nicht auf ihre Behandlung verzichtet werden.

2.2211 Merkmale der Symbole

In dem grundlegenden Aufsatz "Das religiöse Symbol"[2] (1928) gibt TILLICH vier Merkmale an, die zugleich für die Symbole allgemein wie auch speziell für die religiösen Symbole gelten sollen.

Das erste ist die 'Uneigentlichkeit'. Das Symbol drückt nicht direkt und eigentlich das aus, was es meint. Der Akt des Erfassens richtet sich demzufolge nicht auf das Symbol selbst, sondern auf das im Symbol Gemeinte, das Symbolisierte.

"Das zweite Merkmal des Symbols ist die Anschaulichkeit."[3] Das Symbol drückt eine geistige Realität, die sich wesensmäßig der direkten Anschauung entzieht, in anschaulichen Bildern oder Begriffen aus.

"Das dritte Merkmal des Symbols ist die Selbstmächtig-

---

1) Recht und Bedeutung religiöser Symbole, in WW V, S. 237ff

2) WW V, S. 196ff

3) ebda S. 196

keit."[1] Dieses Merkmal wird von TILLICH als das wichtigste bezeichnet.[2] Es ermöglicht die Abgrenzung des Symbols vom Zeichen. Das Symbol hat "eine ihm selbst innewohnende Macht",[3] die es unmöglich macht, es einfach auszutauschen. Während die Bedeutung des Zeichens auf einer Absprache beruht, die jederzeit rückgängig gemacht werden kann, kann das Symbol nur verschwinden, wenn es seine innere Mächtigkeit verliert. Entsprechend gilt, daß Symbole nicht wie Zeichen erfunden, sondern geschaffen werden.

"Das vierte Merkmal des Symbols ist die Anerkanntheit".[4] Es bedeutet, daß das Symbol nicht vom einzelnen erfunden oder verworfen werden kann, sondern daß der Akt der Symbolschaffung "ein Sozialakt (ist) ..., auch wenn er in einem Einzelnen zuerst durchbricht."[5]

Diesen vier Merkmalen liegt als grundlegende Symboldialektik die Spannung zweier Elemente zugrunde: das Setzen eines anschaulichen Symbols auf der einen und das Aufheben seiner Gegenständlichkeit auf der anderen Seite. Diese Dialektik liegt in TILLICHs Gotteslehre begründet: "... im Worte 'Gott' schwingt ein doppeltes: das Unbedingt-Transzendente, Letztgemeinte (das Merkmal der Uneigentlichkeit), und ein irgendwie gedachtes Objekt mit Eigenschaften und Handlungen (Selbstmächtigkeit)."[6] Daraus folgt: Selbst wenn im religiösen Akt das Göttliche als "Objekt mit Eigenschaften und Handlungen" gedacht ist, so "ist es im religiösen Akt auch wieder aufgeho-

---

1) ebda

2) cf Religiöse Verwirklichung, S. 284 Anm. 1: "Es gibt dem Symbol die Realität, die es im Sprachgebrauch fast verloren hat, ..."

3) WW V, S. 196

4) ebda S. 197

5) ebda

6) ebda S. 207

ben."[1] Schon die Charakterisierung der grundlegenden Symboldialektik, die nicht nur für das religiöse Symbol, sondern für alle Symbole gilt, ist aus der Analyse des religiösen Aktes[2] und in letzter Instanz aus dem Gottesbegriff gewonnen.[3]

An die Behauptung der Selbstmächtigkeit als Merkmal der Symbole hat sich 1941 eine Diskussion zwischen AUBREY und TILLICH angeschlossen.[4] AUBREY fragt: Was ist eigentlich die 'inhärente Kraft' der Symbole, woher beziehen sie ihre 'Selbstmächtigkeit'? "I cannot ascribe any metaphysical power 'innate' in the symbol per se. Is it not rather that the context which gives it meaning gives it also an emotional significance which arouses powerful reactions in the person who experienced the sign in the context and thus attached the total meaning of the situational context to the symbol itself. What other 'power' have symbols than this?"[5] TILLICH antwortet auf diese Frage mit der Behauptung, daß Symbole dem in-

---

1) beide Zitate ebda.

2) Die Prüfung des Gegensatzpaares von Setzen des Symbols und Aufheben seiner Gegenständlichkeit ergibt, "daß es sich hier um eine Wiederaufnahme der via eminentiae und via negationis handelt, die der Neuplatoniker Dionysius Areopagita in die dogmatische Methode einführte. Die via eminentiae entspricht der 'Selbstmächtigkeit' des Setzens und die via negationis der 'Uneigentlichkeit' des Aufhebens." (LOOFF 1955, S. 59)

3) so auch REETZ (1971) S. 16: "Grundlage dieses eigentümlichen Schwebens des religiösen Symbols zwischen Setzung und Aufhebung ist Tillichs dialektische Gotteslehre."

4) TILLICHs Aufsatz von 1928 erscheint 1940 in englischer Übersetzung. Daraufhin nehmen die amerikanischen Professoren URBAN (1940) und AUBREY (1941) Stellung. TILLICH antwortet 1941. (Symbol and Knowledge)

5) AUBREY (1941) S. 202

neren Gehalt, dem Inhalt, den sie repräsentieren, entsprechen müssen. Natürlich habe der Kontext im Sinne AUBREYs eine wichtige Funktion, aber er habe diese Funktion nur, weil er durch die ursprüngliche Entsprechung zwischen symbolischem Ausdruck und symbolischem Gehalt überhaupt erst ein angemessener Kontext einer symbolischen Erfahrung werden konnte.[1)]

TILLICHs Antwort ist unscharf. Sie ist auch nicht die letzte Auskunft zu dem Thema der Selbstmächtigkeit. Erst der Gedanke der Partizipation ermöglicht später eine terminologisch klare Antwort auf das von AUBREY angeschnittene Problem.

1955 leitet TILLICH die Darstellung der Merkmale des Symbols mit der Bemerkung ein, daß die andauernde Diskussion über Symbole sowohl in Amerika als auch in Europa zu einer Begriffsverwirrung geführt habe, die eine sprachliche Klarstellung unumgänglich mache. Dabei grenzt er sich von den logischen Positivisten ab, da er bestreitet, daß mit Hilfe logischer Analyse der breite Bereich sprachlich ausgedrückter Erfahrung angemessen und vollständig in die Reflexion eingeholt werden kann.

Die notwendige Begriffsklärung nimmt TILLICH in fünf Schritten vor, von denen die beiden ersten sich inhaltlich mit den vier Merkmalen von 1928 decken.

Der erste Schritt ist die Bestimmung des Verhältnisses von Symbol und Zeichen. Symbole haben mit Zeichen gemeinsam, daß sie auf etwas hinweisen, was außerhalb ihrer selbst liegt. Den Unterschied zwischen ihnen[2)] versucht

---

1) Symbol and Knowledge, S. 204

2) Die von TILLICH vorgeschlagene Unterscheidung von Zeichen und Symbol ist ihm sprachlich selbst fragwürdig, da die Mathematiker die Bezeichnung Symbol für ihre - in TILLICHs Sprachgebrauch - Zeichen usurpiert haben. TILLICH hilft sich deshalb mit einer anderen

TILLICH 1955 - 1928 lag er in dem Merkmal der 'Selbstmächtigkeit' - durch den Gedanken der 'Partizipation' präziser zu fassen:[1)] "Dies ist der fundamentale Unterschied: Zeichen haben keinen Anteil an der Wirklichkeit und Mächtigkeit dessen, was sie bezeichnen. Symbole - obwohl sie selbst nicht dasselbe sind, was sie symbolisieren - partizipieren an Sinn und Macht dessen, was sie symbolisieren. Geschriebene Buchstaben, etwa ein 'A' oder ein 'R', haben keinen Anteil am Klang, auf den sie hinweisen. Im Gegensatz dazu partizipiert die Fahne an der Macht des Königs oder der Nation, für die sie weht und die sie symbolisiert."[2)]

Bei der Behandlung eines Beispiels ordnet TILLICH in die durch den Partizipationsgedanken vorgenommene Unterscheidung zwischen Symbol und Zeichen den Gedanken einer Unterscheidung durch verschiedene Assoziationen ein: "Die Sprache selbst liefert ein gutes Beispiel für den Unterschied von Zeichen und Symbol ... Es gibt ... in jeder Sprache Worte, die mehr als Zeichen sind, die in dem Augenblick zu Symbolen werden, in dem sie Assoziationen erhalten, die über das hinausgehen, worauf die Worte als Zeichen hinweisen. ... Solche Worte erzeugen

---

sprachlichen Etikettierung. Er unterscheidet nicht zwischen Symbol und Zeichen, sondern zwischen echten Symbolen und Symbolen, die fälschlich so genannt werden. Echte Symbole partizipieren an der Wirklichkeit, die sie symbolisieren, während Zeichen, die fälschlich Symbole genannt werden, nur darauf hinweisen. (WW V, S. 214)

1) FORD bemerkt richtig: "Symbolic participation is absent from Tillich's earlier essays on symbols. In explaining the difference between a sign and a symbol, he speaks of the symbol's innate power." (1963, S. 175) Der Gedanke der Partizipation taucht zuerst in dem Marburger Vortrag: "Mythos und Symbol" vom 28.7.1948 auf. TILLICH bezeichnet im Gegensatz zu anderen Symboltheorien seine Theorie als 'Partizipationstheorie'. (S. 3)

2) WW V, S. 214

Assoziationen an die Situationen, in denen sie vorher gebraucht wurden und mit denen sie so verhaftet sind, daß sie nicht ersetzt werden können. Sie sind nicht nur Zeichen, die auf einen definierten Sinn hinweisen, sondern sie stehen als Symbole für eine Wirklichkeit, an deren Mächtigkeit sie teilhaben."[1]

Hier ergibt sich die Frage, ob dieses Beispiel der Sprache wirklich nur ein Beispiel ist oder ob hier nicht eigentlich ein zweiter Begründungszusammenhang angedeutet ist, der eine Unterscheidung zwischen Zeichen und Symbolen ermöglicht. Wenn letzteres zutrifft, muß man fragen, wie sich die beiden Abgrenzungsversuche voneinander unterscheiden.

Durch den Gedanken der Partizipation als Unterscheidungskriterium wird eine Wirklichkeit postuliert, an der die Symbole teilhaben. Da diese Wirklichkeit aber auf keine andere Weise als durch Symbole ergriffen werden kann, hängt die Abgrenzung zwischen Symbol und Zeichen nur an der unüberprüfbaren Behauptung, daß Symbole an einer nicht begrifflich aufweisbaren Wirklichkeit partizipieren.

Die Abgrenzung durch die Bedeutung von Assoziationen, d.h. von mit Worten verbundenen emotional-affektiven Besetzungen, ist überprüfbar und ist ein hinreichendes Kriterium für die Abgrenzung von Symbol und Zeichen. Warum behält TILLICH dann den ersten Begründungszusammenhang bei? Wiederum scheint hier, wie bei der Symboldialektik, der Argumentationszusammenhang der religiösen Symbole bereits bei den Merkmalsangaben für die Symbole allgemein durchzuschlagen. Die Realität kann nicht anthropologisch auf das menschliche Wahrnehmen von Realität begrenzt werden, da dann in der Konsequenz Gott auch als eine Hypostase des menschlichen Geistes gese-

---

1) ebda S. 214f

hen würde. Dann aber wäre es unmöglich, von Offenbarung, wie das in der christlichen Tradition weitgehend geschieht, als von etwas zu sprechen, das von außen auf den Menschen zukommt, das er empfängt. Hier bleibt TILLICH in der theologischen Tradition, allerdings mit einer wesentlichen Einschränkung: Er faßt das 'von außen' nicht supranatural, sondern als allem Seienden zugrundeliegendes Sein, gibt damit einen klassisch formulierten Transzendenzanspruch auf, bleibt aber bei der Behauptung, daß die Wirklichkeit, die nur in Symbolen erfaßt werden kann, unabhängig vom symbolschaffenden Bewußtsein des Menschen vorhanden ist.

Die hier angesprochenen Schwierigkeiten werden noch deutlicher bei der Darstellung eines neuen Merkmals, das TILLICH im zweiten Schritt seiner Abhandlung von 1955 über die 1928 gegebenen Merkmale hinaus angibt, und bei einer zusätzlichen Argumentation, die den Unterschied zwischen Symbol und Zeichen verdeutlichen soll. Das neue Merkmal besteht darin, daß das Symbol dem Menschen Wirklichkeitsschichten aufschließt, die ihm sonst verschlossen wären. Und korrespondierend dazu eröffnet es neue Schichten der Seele des Menschen, seiner inneren Wirklichkeit.[1] TILLICH erläutert das am Beispiel der Kunst. Künstlerische Schöpfungen haben symbolischen Charakter. Eine bestimmte Erfahrung kann nur durch ein bestimmtes Kunstwerk hervorgerufen werden. Diese Erfahrung ist nicht mit Begriffen zu vermitteln und auch nicht durch ein anderes Bild oder Kunstwerk. Eine bestimmte Erfahrung bleibt an ein bestimmtes Bild gebunden.

1955 erläutert TILLICH den Satz von 1928, daß Symbole nicht erfunden, sondern geschaffen werden durch den Gedanken des 'kollektiven Unbewußten'. Symbole werden nicht

---

1) ebda S. 215f

absichtlich erfunden und können nicht willkürlich ausgewechselt werden. "Sie stammen aus dem, was heute allgemein das 'kollektive Unbewußte' genannt wird. Sie sind ... in einer Gruppe entstanden, die in diesem besonderen Symbol, diesem Wort, dieser Fahne oder was immer es sein mag, ihr eigenes Sein wiedererkennt. ... Das bedeutet, ... daß das Symbol in dem Augenblick stirbt, in dem die innere Beziehung der Gruppe zu dem Symbol aufhört."[1)]

1961 nimmt TILLICH zwei Präzisierungen im Bereich der für alle Symbole geltenden Merkmale vor:

1. Er akzeptiert, daß im gegenwärtigen Sprachgebrauch nicht mehr in seinem Sinne sauber zwischen Symbol und Zeichen unterschieden wird, und versucht, die Unterscheidung jetzt durch Adjektive auszudrücken, die er von RANDALL übernommen hat. Er nennt die Symbole, die an der Wirklichkeit, die sie repräsentieren, teilhaben, 'repräsentative Symbole' und die Symbole, die beliebig austauschbar sind, wie etwa mathematische Symbole, 'diskursive Symbole'.[2)]

2. TILLICH bezeichnet als fünftes Kennzeichen die Macht der Symbole, "zu zerstören und zu heilen, zu integrieren und zu desintegrieren. Diese Funktion der Symbole bezieht sich sowohl auf Gruppen wie auf Individuen. Menschen und menschliche Gruppen können durch Symbole integriert werden und können ohne Symbole überhaupt nicht integriert werden, sie können aber auch durch Symbole zerstört werden. Und die Geschichte der Religion gibt uns eine Fülle von Beispielen für - ich spreche jetzt vom Individuum - innerlich erhebende, beruhigende, fest und stark machende Kraft religiöser Symbole. ... Nun

---

1) ebda S. 216

2) cf ebda S. 237 - so auch im Vortrag: 'Das religiöse Symbol' (1961) S. 4

sage ich, es ist eine Funktion echter Symbole ..., heilende Kräfte auszuüben, ... Aber wo Integration ist, da ist auch die Möglichkeit der Desintegration. Symbole können ruhelos machen, erregt, Depressionen hervorrufen, Angst hervorrufen, Fanatismus hervorrufen."[1)]

Hier wird deutlich, daß über die Hereinnahme psychologischer Begriffe (Assoziationen und kollektives Unbewußtes) hinaus anthropologisch funktionale Zusammenhänge in die Symboltheorie hineingenommen werden.

2.2212 Zusätzliche Merkmale der religiösen Symbole

1928 schreibt TILLICH: "Die religiösen Symbole sind vor den übrigen dadurch ausgezeichnet, daß sie Veranschaulichung dessen sind, was die Sphäre der Anschauung unbedingt übersteigt, des im religiösen Akt Letztgemeinten, des Unbedingt-Transzendenten."[2)] Diese Bestimmung hebt das religiöse Symbol von zwei anderen Symbolarten ab: Einerseits gibt es Symbole, die außer der symbolischen Erfassung die Möglichkeit einer begrifflich-gegenständlichen Erfassung bieten, wie z.B. die Fahne die Streitkräfte eines Landes symbolisiert. Andererseits gibt es Symbole, die der Ausdruck eines Unanschaulichen sind und die nicht in einer anderen Existenzform erfaßt werden können, "so die geistigen Gebilde, wie Kunstwerke, wissenschaftliche Begriffe, rechtliche Formen. Das Symbol ist hier die notwendige Existenzform der Sache selbst."[3)]

Die religiösen Symbole sind demgegenüber weder begrifflich-gegenständlich zu erfassen "noch geistig-sinnhaft

---

1) Vortrag: 'Das religiöse Symbol' (1961) S. 10f

2) WW V, S. 197

3) ebda

fundiert. ... Sie haben kein anderes Recht als das der Vertretung des Unanschaubar-Transzendenten, das ihrer nicht bedarf, um zur Existenz zu kommen."[1] Wiederum ist also TILLICHs dialektische Gotteslehre, die beim Neubeginn nach 1918 zunächst wesentlich in eschatologischer Ausrichtung ausgearbeitet wird,[2] der Hintergrund für das zur allgemeinen Symboltheorie hinzukommende zusätzliche Definitionselement für die religiösen Symbole.

Diese Gotteslehre als Begründung der religiösen Symbole wird 1940/1 von den Amerikanern AUBREY und URBAN[3] kritisiert. In einer Antwort auf ihre Kritik wiederholt TILLICH seinen Gedankengang von 1928: "there is a criterion for every religious symbol - I have called it 'The Guardian', namely, the unconditioned character of the unconditioned over against any symbol in which a conditioned, finite, exhaustible reality is made the expression of our ultimate concern."[4] Er gibt aber zu, daß die deutsche philosophische Diskussion, aus der heraus er 1928 formuliert habe, sich in - vor allem im englischen Sprachraum - mißverständlichen Begriffen bewegt habe, und versucht eine Klärung dessen, was mit 'unbedingt Transzendentem' gemeint war, mit Hilfe der Begriffe 'Sein' und 'Abgrund des Seins': "What I mean is that the ground of being is at the same time the abyss of any definite being; and conversely that the abyss of being which transcends all special beings is at the same time the creative ground of all forms of existence. They are

1) ebda S. 198

2) Das wird bei der Darstellung des Bezugspunktes religiöser Symbole verdeutlicht werden (2.2221).

3) AUBREY (1941) S. 201f und URBAN (1940) S. 34ff

4) Symbol and Knowledge, S. 204

all conditioned by it; but it itself is not conditioned by anything".[1]

Interessant ist in dieser Stellungnahme auch, daß hier erstmals eine vorsichtige Wertschätzung der 'analogia entis' auftaucht. Darauf komme ich im Abschnitt 2.2222 zurück.

Insgesamt kann bereits 1941 ein Trend zur Ontologie festgestellt werden, genauer ausgedrückt: Die die Symboltheorie begründende Gotteslehre wird nicht mehr in Begriffen der Theologie des Unbedingten, der Krisis, des Paradox, sondern in ontologischen Begriffen gefaßt.[2] Dieser Trend wird 1955 noch sehr viel deutlicher: Wie andere Symbole auch schließen religiöse Symbole verborgene und anders nicht zugängliche Schichten der Wirklichkeit auf. Aber bei religiösen Symbolen handelt es sich um "die Tiefendimension der Wirklichkeit selbst, nicht (um) eine Schicht neben anderen, sondern (um) die fundamentale, die allen anderen zugrunde liegende Schicht, die des Seins-Selbst oder die der letzten Seinsmächtigkeit. Die religiösen Symbole ermöglichen der menschlichen Seele die Erfahrung dieser Dimension der Tiefe."[3]

1961 gibt TILLICH kein zusätzliches Definitionselement für die religiösen Symbole an. Er behauptet, daß für das "Problem des religiösen Symbols ... die Frage nach dem, was mit einem Symbol gemeint und worauf es bezogen ist, von entscheidender Bedeutung"[4] ist. Er verändert seinen ursprünglichen Gedankengang dadurch insofern, als es bis 1955 um eine Definition, Erklärung bzw. Theorie der religiösen Symbole geht. 1961 versucht er, ihre

---

1) ebda S. 203

2) so auch LANGER (1969) S. 72f

3) WW V, S. 217 (Hervorhebungen im Zitat vom Vf.)

4) ebda S. 239

Legitimation zu erweisen.[1] Auf das hier liegende sachliche Problem des unsymbolischen Bezugspunktes religiöser Symbole komme ich im Abschnitt 2.222 zurück.

---

1) TILLICH gibt zwei Wege an, mit deren Hilfe man das im religiösen Symbol Gemeinte erfassen kann: den phänomenologischen und den ontologischen. In wechselseitiger Ergänzung ermöglichen sie eine Legitimation religiöser Symbole und den Aufweis, warum ein Symbol ein religiöses Symbol ist.
Die phänomenologische Analyse zeigt den Unbedingtheitscharakter, den ein religiöses Symbol in der Erfahrung des Menschen hat, den es ergreift. Sie kann den Charakter dieser Begegnungen beschreiben, aber sie kann nichts aussagen über die Gültigkeit des analysierten Materials. (ebda S. 240)
Hier beginnt der weite Weg, der Weg der ontologischen Analyse. Sie deckt die Endlichkeit des Menschen und seiner Welt auf, und sie analysiert die Angst als Anzeichen für die Endlichkeitserfahrung des Menschen. TILLICH deutet die Angst des Menschen als Angst vor dem Nichtsein. Sie bewirkt, daß der Mensch "die Frage nach dem Sein-Selbst, dem Grunde alles dessen, was ist, erhebt. ... Die Ontologie deckt ... in ihrer Analyse der Welt die Endlichkeit der Welt auf und offenbart damit deren selbsttranszendierenden Charakter. Worauf die Analyse hinführt, ist der Bezugspunkt aller religiösen Symbole. Man kann es metaphorisch benennen als 'Sein-Selbst', als 'Seinsmächtigkeit', als 'letzte Wirklichkeit' oder als 'das, was uns unbedingt angeht'. Dies sind keine Namen für ein Seiendes, sondern Bezeichnungen für eine Qualität des Seins." (ebda S. 240f)
Das bedeutet im Blick auf ein zusätzliches Definitionselement der religiösen Symbole, daß sich religiöse Symbole erstens dadurch auszeichnen, daß sie den Menschen unbedingt angehen, und zweitens dadurch, daß sie an der Dimension des Seins-Selbst oder der letzten Wirklichkeit partizipieren.

2.2213 Innere Differenzierung des religiösen Symbolmaterials

TILLICH hat vier Versuche gemacht, die Fülle der religiösen Symbole zu ordnen. Dabei bleiben die erwähnten Symbole im wesentlichen die gleichen. Der Unterschied zwischen den Versuchen liegt in den verschiedenen Ordnungsprinzipien.

Das Unbedingt-Transzendente, das 1928 den Unterschied zwischen dem Symbol allgemein und den religiösen Symbolen begründet hatte, trägt auch die Unterscheidung der Symbole im religiösen Bereich. TILLICH unterscheidet hier zwischen 'religiösen Gegenstandssymbolen' und 'religiösen Hinweissymbolen'. Das 'religiöse Gegenstandssymbol' macht die prinzipiell unanschauliche im religiösen Symbol gemeinte Sache anschaulich und gibt die Grundlage für das 'religiöse Hinweissymbol' ab, das sich bereits auf die Veranschaulichung durch das Gegenstandssymbol bezieht.[1)]

Innerhalb der 'Gegenstandssymbole' unterscheidet TILLICH noch einmal drei Schichten:

Die erste Schicht bezieht sich auf das Wesen der Götter und nach der monotheistischen Überwindung des Polytheismus auf das Wesen Gott. Diese Schicht ist die Begründung jeder religiösen Symbolik.

Die zweite Schicht setzt die erste voraus. Die Symbole dieser Schicht stellen Gottes Wesen und seine Handlungen dar, etwa seine Allmacht oder sein Erschaffen der Welt.

Die dritte Schicht der Gegenstandssymbole ist dadurch gekennzeichnet, daß sie sich in Material ausdrücken, das menschlicher Erfahrung und wissenschaftlicher Kon-

---

1) ebda S. 206ff

trolle zugänglich ist. Die Symbole dieser Schicht sind Personen, die gelebt haben, oder Gegenstände, die empirisch feststellbar sind. Ihre historisch gegenständliche Dimension allein verleiht ihnen jedoch keinen Symbolcharakter. Sie sind Symbole nur dann, wenn "sie ... die Gegenwärtigkeit des Unbedingt-Transzendenten in der Erscheinung"[1] vertreten.

Von dieser dritten Schicht der Gegenstandssymbole zu den Hinweissymbolen ist es nur ein kleiner Schritt, weil alle Hinweissymbole "als depotenzierte Gegenstandssymbole der dritten Gruppe"[2] aufgefaßt werden können. Zu ihnen gehören alle "kultischen Gebärden" und "alle bildhaften Symbole wie Kreuz, Pfeile und dergleichen".[3] Alle diese Symbole haben nur noch hinweisenden Charakter. Sie hatten früher einen magisch sakramentalen Charakter, der durch die Änderung der Wirklichkeitsauffassung und durch religiöse Kritik, z.B. die Kritik der jüdischen und protestantischen Religion an magisch sakramentalem Denken, verlorenging. Dennoch ist trotz dieser Kritik etwas von dem dynamischen Machtcharakter geblieben, der diese Symbole von bloßen Zeichen unterscheidet.

Sieht man einen Moment von der übergeordneten Unterscheidung zwischen 'Gegenstandssymbol' und 'Hinweissymbol' ab, so wird erkennbar, daß TILLICH die phänomenologisch vorgefundenen religiösen Symbole in vier Gruppen zusammenfaßt:

Die erste bezieht sich auf das grundlegende Symbol, auf das Wesen oder, wie es später heißt, das Sein Gottes.

Die zweite beinhaltet die Symbole der Eigenschaften und Handlungen Gottes.

---

1) ebda S. 209

2) ebda

3) ebda

Die dritte faßt alle Inkarnationen des Göttlichen in Raum und Zeit zusammen.

Die vierte schließt alle kultischen Gebärden und Gegenstände ein.

Diese vier Gruppen behält er durchgehend bei. Er gibt aber 1952/3[1], 1955[2] und 1961[3] jeweils verschiedene

---

1) Theology and Symbolism, S. 113ff
TILLICH unterscheidet hier zwischen 1. dem 'transcendent level', 2. dem 'sacramental level' und 3. dem 'liturgical level'.
1. Hier handelt TILLICH das ab, was er 1928 in die ersten beiden Schichten des Gegenstandssymbols eingeordnet hatte: das Wesen Gottes und seine Eigenschaften.
2. Die sakramentale Schicht religiöser Symbole beinhaltet das, was 1928 die dritte Schicht der religiösen Gegenstandssymbole ausmachte, die Erscheinung des Heiligen in Raum und Zeit, also Symbole, die eine vorfindliche Gegenständlichkeit gehabt haben oder haben.
3. Die Symbole, die TILLICH 1928 Hinweissymbole genannt hat, leitet er jetzt nicht mehr von der sakramentalen Schicht als depotenzierte Symbole ab, sondern umgekehrt von dem Begriff des Zeichens. Symbole der liturgischen Schicht sind demzufolge Zeichen aller Art, die zu einer symbolischen Macht erhoben worden sind; TILLICH nennt sie 'sign-symbols' (S. 115). Zeichen-Symbole sind z.B. bestimmte Gesten und Gewänder. Hierbei handelt es sich um eine Mischung von echten Symbolen mit Zeichen.

2) WW V, S. 218ff
Hier unterscheidet TILLICH zwischen zwei grundlegenden Schichten religiöser Symbole: "die transzendente, die über die empirische Wirklichkeit hinausgeht, und die immanente, die wir innerhalb der uns begegnenden Wirklichkeit finden." (ebda S. 218)
Das grundlegende Symbol der transzendenten Schicht ist das Wort Gott. Ihr werden ferner die Symbole zugerechnet, die die Eigenschaften Gottes kennzeichnen oder seine Handlungen darstellen.
In die immanente Schicht gehören die zahllosen Erscheinungen des Göttlichen in Raum und Zeit, die 'Inkarnationen' des Göttlichen in Gegenständen oder Personen, außerdem Sakramente und Gegenstände wie Kreuze oder Kerzen.

3) ebda S. 241f

übergeordnete Unterscheidungen an. Da diese Änderungen geringfügig und gegenüber den Leitfragen dieser Arbeit neutral sind, soll nur TILLICHs abschließende Stellungnahme kurz skizziert werden: TILLICH spricht 1961 von primären und sekundären Symbolen.[1] Die Unterscheidung zwischen diesen beiden besteht darin, daß primäre Symbole "direkt auf den transzendenten Seinsgrund aller religiösen Symbole"[2] hinweisen, während sekundäre Symbole nur in Verbindung mit primären Symbolen einen indirekten Hinweischarakter haben. Unter primäre Symbole rechnet TILLICH die ersten drei der eben angegebenen Gruppen. Die sekundären Symbole sind die der vierten Gruppe.[3]

---

1) so auch in dem Vortrag: 'Das religiöse Symbol' (1961) S. 23ff

2) WW V, S. 241

3) TILLICH hat in der Christologie den Versuch gemacht zu zeigen, daß alle wesentlichen christologischen Symbole vier Entwicklungsstufen durchlaufen haben (STH II, S. 119ff): "Sie wachsen heraus aus einer spezifischen religiösen und kulturellen Situation; sie werden für einzelne oder Gruppen zum Ausdruck ihres existentiellen Selbstverständnisses; sie werden in dieser Funktion vom Christentum übernommen und umgestaltet; sie verlieren dabei oft ihren existentiell-symbolischen Sinn und werden auf das Niveau eines abergläubischen Supranaturalismus herabgedrückt." (ebda S. 119) Er hat diese vier Stufen aber nicht in seine Ausarbeitungen zum Symbolbegriff aufgenommen, obwohl die beiden ersten Stufen exakt dem entsprechen, was TILLICH sonst das 'Geborenwerden' religiöser Symbole nennt.

2.2214 Wahrheit religiöser Symbole

In TILLICHs erster Stellungnahme zum Symbolproblem von 1928 fehlt eine eigene Betrachtung über die Wahrheit religiöser Symbole. Es gibt in diesem Aufsatz einige wenige Sätze, die eine negative und eine positive Bestimmung der Wahrheit und ein Kriterium enthalten: "Das Kriterium der Wahrheit eines Symbols kann natürlich nicht der Vergleich mit der Wirklichkeit sein, auf die es hinweist, wenn diese Wirklichkeit gerade das schlechthin Unfaßbare ist. Die Wahrheit eines Symbols ruht in seiner inneren Notwendigkeit für das symbolschaffende Bewußtsein. ... Das einzige Kriterium, das überhaupt in Frage kommt, ist dieses, daß das Unbedingte in seiner Unbedingtheit rein erfaßt wird."[1]

Im ersten Band der 'Systematischen Theologie' unterscheidet TILLICH zwischen echten und wahren Symbolen: "Ein religiöses Symbol ist echt, wenn es die Korrelation von Offenbarung und Mensch adäquat ausdrückt. Ein religiöses Symbol ist wahr, wenn es die Korrelation von letztgültiger Offenbarung und Mensch adäquat ausdrückt."[2]

Beides sind noch unentfaltete Stellungnahmen, die jedoch bereits vieles von dem in sich bergen, was TILLICH 1955 in einer 'Schlußbetrachtung über die Wahrheit der religiösen Symbole'[3] und 1961 in einem Abschnitt über 'Kriterien für die ›Wahrheit‹ der religiösen Symbole'[4] ausführt.

---

1) WW V, S. 208
2) STH I, S. 278
3) WW V, S. 221f
4) ebda S. 242ff. Diese Darstellung entspricht der in dem Vortrag: 'Das religiöse Symbol' (1961) gegebenen, die hier deswegen verzichtbar ist.
In Wesen und Wandel des Glaubens hat TILLICH sich über 'Die Wahrheit des Glaubens und ihre Kriterien'

1955 macht TILLICH drei Aussagen über die Wahrheit religiöser Symbole, eine negative, eine positive und eine absolute.

Die negative Aussage besagt, daß Symbole nicht wissenschaftlich empirisch und auch nicht subjektiv willkürlich kritisiert oder zum Verschwinden gebracht werden können. Leben und Sterben der Symbole vollzieht sich im Bereich praktizierter Religion. Symbole sterben dann, wenn sie ihren Erfahrungsgrund, der in einer sie tragenden schöpferischen Begegnung mit der Wirklichkeit besteht, verlieren.

Das bedeutet positiv, daß wahre religiöse Symbole "der religiösen Situation, in der sie entstanden sind, entsprechen. Daraus folgt auch das Umgekehrte: Sie werden unwahr, wenn sie in einer Situation gebraucht werden, der sie nicht mehr entsprechen."[1)]

Die absolute Aussage ist eine Konsequenz der grundlegenden Symboldialektik von Setzen und Aufheben der Anschaulichkeit bei der Repräsentation des Unbedingten. Diese Dialektik ist immer in der Gefahr einer den Symbolcharakter verfälschenden Verzerrung, wenn religiöse Symbole zwar als anschauliche gesetzt, aber nicht zugleich in ihrer Gegenständlichkeit negiert werden. Nur wenn diese beiden Elemente miteinander verbunden sind, stellt das Symbol eine angemessene Repräsentation des Unbedingten

---

geäußert (S. 111ff). Er gibt dort als Kriterien die Lebendigkeit des Glaubens und die Fähigkeit der Glaubenssymbole an, "die Unbedingtheit des Unbedingten voll zum Ausdruck zu bringen und darum alles in ihm, was weniger als unbedingt ist, zu verneinen." (ebda S. 113) Diese Stelle ist mit der im Folgenden behandelten nicht parallel zu setzen, da es sich nicht um eine Betrachtung der Wahrheit religiöser Symbole, sondern der Wahrheit des Glaubens handelt; dadurch wird durch die Themenstellung das subjektive Element stärker als das objektive berücksichtigt.

1) WW V, S. 222

dar. TILLICH nennt die angedeutete Gefahr 'Vergötzung' oder 'Dämonisierung' und entwickelt in der Gegenüberstellung zu dieser möglichen Verzerrung religiöser Symbole die "absolute Aussage: Religion ist zweideutig, und jedes religiöse Symbol kann dämonisiert (vergötzt) werden. Es kann zu letzter Gültigkeit erhoben werden, obwohl kein religiöser Lehrsatz und kein religiöser Kult letztgültig ist, sondern nur das Unbedingte selbst letzte Gültigkeit hat."[1)]

Die absolute Aussage ermöglicht den Anspruch des Christentums, im Symbol des Kreuzes eine Wahrheit zu besitzen, die allen anderen vorhandenen und möglichen Wahrheiten prinzipiell überlegen ist. Jesus hat sich am Kreuz geopfert, "um nicht ein Götze, ein Gott neben Gott, ein Halbgott zu werden."[2)] Er nimmt die Bezeichnung 'der Christus' nur an "unter der Bedingung ..., daß er nach Jerusalem gehen und dort leiden und sterben müsse. Und das bedeutet, daß er die Vergötzung seiner selbst verneint. Dies ist das Kriterium für alle Symbole".[3)] Hier wird das christologische Paradox zum treffendsten Ausdruck des absoluten Kriteriums der Wahrheit religiöser Symbole.

Das zeigt eine gewisse Verschiebung gegenüber dem Aufsatz von 1928. Dort wie hier ist zwar die Reinheit der Repräsentation des Unbedingten das Kriterium, und damit stellt TILLICHs Gotteslehre auch den Begründungszusammenhang für die Wahrheit religiöser Symbole dar. Eine Veränderung zu dem Aufsatz von 1928 ergibt sich jedoch

---

1) ebda
2) ebda
3) ebda

dadurch, daß hier in die Gotteslehre die Christologie eingetragen ist.[1)]

1961 nennt TILLICH zunächst zwei Kriterien für die Wahrheit religiöser Symbole: "die Authentizität und die Angemessenheit".[2)]

Das Kriterium der Authentizität entspricht der negativen und der positiven Aussage in dem Aufsatz von 1955: "Ein Symbol ist authentisch, wenn es eine lebendige religiöse Erfahrung ausdrückt, und es ist nicht-authentisch, wenn es diese Erfahrungsgrundlage verloren hat und sein Weiterbestehen nur noch der Tradition und seiner ästhetischen Wirkung verdankt."[3)]

Die Frage nach der Angemessenheit wird durch ein negatives und ein positives Kriterium beantwortet. Dabei entspricht das negative Kriterium der absoluten Aussage in dem Aufsatz von 1955: Negativ ist die Bedingung für die Angemessenheit, daß das Symbol sich selbst in seiner Gegenständlichkeit negiert, daß es Repräsentant einer anderen Wirklichkeit bleibt. Und wie 1955 läuft dieser Gedanke auf die Christologie zu: "Im Symbol des Kreuzes, das im Mittelpunkt aller christlichen Symbolik steht, ist wohl die radikalste Kritik an der Verabsolutierung von heiligen Gegenständen und Personen dargestellt."[4)]

---

1) so auch LANGER (1969) S. 73: "Es ist deutlich, daß T.s Symboltheorie auch hier (wie 1928) um die Gottesfrage kreist, ... Die Eschatologie im ursprünglichen Sinn ist gänzlich abgeschnitten. Freilich tritt neu die Betonung des Kreuzes Jesu als entscheidender Maßstab religiöser Symbolik auf. Ist dieses Kreuz das Äquivalent des nunmehr umschwiegenen Eschatons?"

2) WW V, S. 242f

3) ebda S. 243

4) ebda; cf Wesen und Wandel des Glaubens, S. 143: "Das Christentum hat im 'Kreuz Christi' ein Symbol, das das Bewußtsein um die eigene Bedingtheit ausdrückt und das gültig bleibt, auch wenn die christlichen Kirchen den Sinn dieses Symbols vergessen und ihrer

Diese Formulierung ist zwar etwas vorsichtiger, sagt aber inhaltlich dasselbe wie die von 1955.

Das wesentliche Neue ist 1961, daß als positives Kriterium für die Angemessenheit religiöser Symbole die Beschaffenheit des Symbolstoffes gilt. Ein Symbol symbolisiert die letzte Wirklichkeit um so angemessener, je mehr sein Stoff an den verschiedenen Dimensionen der Wirklichkeit teilhat.[1)] "Es ist ein Unterschied, ob ein religiöses Symbol seinen Stoff aus der unbelebten Natur, der Pflanzen- und Tierwelt oder aus dem Bereich des Menschlichen genommen hat. Nur im letzten Fall enthält das Symbol alle Dimensionen der Wirklichkeit, denn nur im Menschen sind diese vereinigt ... In ihm kann die tragende Macht des Seins voll in Erscheinung treten und zugleich über die Grenzen des Menschlichen hinausweisen. Der religiöse Wert eines Symbols hängt also davon ab, in welchem Maße es das letzte menschliche Anliegen in einem konkreten Menschenleben zum Ausdruck bringt."[2)]

TILLICH versucht, mit Hilfe dieser beiden Kriterien sowohl die objektive Seite der religiösen Symbole, ihre Sachentsprechung zu dem symbolisierten Gehalt, als auch ihre subjektive Seite, die innere Notwendigkeit für das symbolschaffende Bewußtsein, zum Ausdruck zu bringen.

Glaubensform Unbedingtheit zusprechen. Um seiner radikalen Selbst-Kritik willen ist das Christentum von allen Religionen am meisten zur Universalität berufen - solange es diese Selbst-Kritik als Macht im eigenen Leben wirken läßt."

1) TILLICH unterscheidet vier Dimensionen des Lebens, die anorganische, die organische, die des Geistes und die der Geschichte. Dabei unterscheidet er in der organischen noch zwischen vegetativ und animalisch, weil im animalischen Bereich Bewußtsein auftritt. Die geschichtliche Dimension ist die allumfassende und "kommt nur im Menschen zu ihrer vollen Aktualisierung". (STH III, S. 36; für die Dimensionslehre cf ebda S. 28ff)

2) WW V, S. 243f

Dadurch, daß diese beiden Seiten nicht unabhängig voneinander thematisiert werden können, kann der Verdacht entstehen, daß TILLICH die Frage nach der Wahrheit religiöser Symbole letztlich relativistisch beantworte.[1)]

2.222 Legitimation religiöser Symbole

2.2221 Bezugspunkt religiöser Symbole

Wenn über die Religion nur in Symbolen gesprochen werden kann, wenn der prinzipiell unanschauliche religiöse Inhalt nur symbolisch verdeutlicht werden kann, entsteht die Frage, wie einsichtig gemacht werden kann, daß diese Symbole überhaupt eine andere Dimension repräsentieren, und damit die Frage, ob es einen unsymbolischen Bezugspunkt für das religiöse Symbol gibt.

TILLICH bezeichnet es 1928 als "das höchste Ziel einer theologischen Arbeit: den Punkt zu finden, wo die Wirklichkeit selbst unsymbolisch zugleich von sich selbst und dem Unbedingten spricht, den Punkt zu finden, wo die Wirklichkeit selbst ohne Symbol zum Symbol wird, wo der Gegensatz von Wirklichkeit und Symbol aufgehoben ist."[2)] Wenn dieser Punkt gefunden würde, würde das eine enorme "Entlastung des religiösen Bewußtseins"[3)] bedeu-

---

1) WISSE (1963) S. 248 behauptet: TILLICH spricht davon, "daß das religiöse Symbol nur relative Wahrheit, keine theoretische, sondern eine existentielle Wahrheit vermitteln würde, weil eben das symbolisierte Göttliche als das, was den Menschen letztlich angeht, nicht wie ein gegenständliches Objekt angeschaut werden kann, sondern weil es existentielle Hingabe verlangt. Nichtsdestoweniger sei die durch das religiöse Symbol vermittelte Gotteserkenntnis wahr ... U.E. würde aber eine solche Wahrheit, folgerichtig weitergedacht, zum Subjektivismus und Pragmatismus führen."

2) WW V, S. 211f

3) ebda S. 212

ten. Dieser Punkt kann jedoch nicht gefunden werden, da er die Erkenntnismöglichkeiten des Menschen überschreiten würde. Der Mensch lebt im Glauben, nicht im Schauen. TILLICH formuliert diese Einschränkung so: "Voraussetzung eines unmythischen Redens vom Unbedingt-Transzendenten ist die religiöse Möglichkeit, gleichsam durch die Wirklichkeit hindurchzureden. Diese Möglichkeit aber setzt eine in Gott stehende Wirklichkeit voraus, d.h. diese Wirklichkeit ist eschatologisch und nicht gegenwärtig."[1)]

Diesen eschatologischen Vorbehalt hat TILLICH in der Diskussion mit AUBREY und URBAN 1941 aufgegeben.[2)] Er hält zwar an der Behauptung fest, daß alles Wissen von Gott symbolisch ist, aber er gibt zu, "that any symbolic knowledge presupposes some basis of non-symbolic knowledge ..."[3)] Dieser Punkt wird anthropologisch in der menschlichen Grenzerfahrung gesehen, die es dann ermöglicht, von Gott in Symbolen zu sprechen: "The non-symbolic element in all religious knowledge is the experience of the unconditioned as the boundary, ground, and abyss of everything conditioned. This experience is the boundary-experience of human reason and therefore expressible in

---

1) ebda

2) In der Diskussion über den Vortrag: 'Das religiöse Symbol' (1961) antwortet TILLICH auf die Frage, ob es notwendig sei, Begriffe wie 'Sein-Selbst' zu verwenden, daß das eine äußerst schwierige Frage sei, besonders deswegen, "weil, was hinter dieser Frage steckt, eine Sache ist, die in meinem eigenen Denken eine Wandlung durchgemacht hat, nämlich die Einsicht, die ich heute morgen vorgetragen habe, die durch eine amerikanische Kritik hervorgerufen ist, die genau in derselben Linie liegt und die ich sofort anerkennen mußte als logisch zwingend, nämlich daß man von der Notwendigkeit des Symbolisierens nur reden kann, wenn man zunächst einmal unsymbolisch davon geredet hat, ..." (S. 27)

3) Symbol and Knowledge, S. 203

negative-rational terms. But the unconditioned is not God. God is the affirmative concept pointing beyond the boundary of the negative-rational terms and therefore itself a positive-symbolic term."[1] TILLICH gibt hier also gegenüber 1928 den eschatologischen Vorbehalt auf[2] und versucht, den Sachbezug religiöser Symbole dadurch einsichtig zu machen, daß er behauptet, daß die in nachvollziehbaren Begriffen beschreibbare Grenzerfahrung des Menschen die anthropologische Basis religiöser Symbole sei. Die Bedeutung dieser Grenzerfahrung sieht TILLICH darin begründet, daß sie den Menschen 'unbedingt angeht'. Aufgrund dieser anthropologischen Begründung kann TILLICH jedoch nicht einsichtig machen, warum er von Gott spricht. Ähnlich wie SCHLEIERMACHER muß TILLICH deswegen 'das, was uns unbedingt angeht', Gott nennen.

Das soll kurz erläutert werden: TILLICH antwortet in einer Diskussion 1961 auf eine Frage: "Ich habe selbst ... gesagt, daß ultimate concern, das ist die englische Übersetzung von dem, was uns unbedingt angeht, sich sehr

---

1) ebda

2) Daran hat sich auch in der Folgezeit nichts geändert. 1961 tritt die Frage des unsymbolischen Bezugspunktes vollständig in den Mittelpunkt der Betrachtung über das religiöse Symbol im Verhältnis zum Symbol allgemein. "Wenn das religiöse Symbol auf etwas hinweist, das auf keine andere Weise ergriffen werden kann, wie können wir dann wissen, ob es überhaupt auf etwas bezogen ist? Und wie erlangen wir Gewißheit darüber, daß das Gemeinte auch erreicht wird? Diese berechtigten Fragen führen zu der prinzipiellen Frage: Gibt es nicht-symbolische Aussagen über das im religiösen Symbol Gemeinte? Wenn wir auf diese Frage keine positive Antwort finden könnten, dann würde unsere ganze Symbollehre zusammenfallen, weil ein Bezugspunkt fehlte, von dem aus man begründen könnte, warum symbolische Aussagen notwendig sind." (WW V, S. 239f) Die Notwendigkeit religiöser Symbole kann nicht selbst wieder symbolisch begründet werden. Die Theorie muß einen Bezugsgegenstand haben, der es sinnvoll macht, überhaupt eine Theorie zu entwerfen.

berührt mit dem Schleiermacher'schen 'Gefühl der unbedingten Abhängigkeit'. Aber bitte, wenn Sie Schleiermacher zitieren, sagen Sie nicht 'unbedingte Abhängigkeit von Gott', denn dann haben Sie die ganze Struktur des Gedankens zerstört, denn Gott ist ... dasjenige, was das 'Woher', wie er sagt, der unbedingten Abhängigkeit symbolisiert."[1] Es kommt also darauf an zu verdeutlichen, daß SCHLEIERMACHER nicht sagt: schlechthinnige Abhängigkeit von Gott, sondern daß er das Gefühl der schlechthinnigen Abhängigkeit anthropologisch festhält und das Woher dieser Abhängigkeit mit dem Wort Gott symbolisiert.[2] Hier will TILLICH genau den Umschlagspunkt von negativen anthropologischen Begriffen zu positiven Aussagen in Symbolen festhalten, wie das der Methode der Korrelation entspricht.

TILLICH versucht, über diesen Umschlagspunkt hinauszukommen. Er will vermeiden, daß von der täglich erfahrbaren Wirklichkeit nur ein Sprung in den Bereich religiöser Symbole führt.[3] Deswegen führt er die Begriffe 'Grund des Seins' und 'Macht des Seins' ein, die die anthropologische Grenzerfahrung mit der Grundstruktur der Wirklichkeit in Beziehung setzen sollen. Ohne eine solche Beziehung bestünde im Bereich religiöser Symbole die Gefahr, daß sie - nur anthropologisch begründet - einsei-

---

1) Diskussion zum Vortrag: 'Das religiöse Symbol' (1961) S. 28

2) God "is the symbolic expression of our encounter with the ultimate itself, with the ground of being." (Theology and Symbolism, S. 114)

3) In dem Vortrag über 'Das religiöse Symbol' (1961) heißt es: "Wenn man sagt, die religiöse Sprache ist die Sprache der Symbole, dann muß man sagen, daß dieser Satz selber eine Begründung haben muß, ... (die) nicht symbolisch ist. Wenn er diese Begründung nicht hätte, dann würden wir mit einem Sprung in die Symbolsphäre hineingehen, ... Die Frage ist .., welches ist der Bezugsgegenstand aller religiösen Symbole, und wie kann man ihn erkennen, ohne selbst wieder symbolisch zu reden?" (S. 14f)

tig vom symbolschaffenden Bewußtsein des Menschen abhängig gemacht werden.

TILLICH versucht über diese Begründung hinaus, durch eine der katholischen Lehre gegenüber revidierte Auffassung von der 'analogia entis' die religiösen Symbole außerhalb des menschlichen Bewußtseins objektiv zu begründen.

2.2222 Symbol und 'analogia entis'

Der Begriff 'analogia entis' erscheint zum erstenmal in der Kritik URBANs[1] und in TILLICHs Antwort darauf.[2] TILLICH hatte 1928 gesagt, daß das religiöse Symbol das im religiösen Akt Letztgemeinte repräsentiere. Das war jedoch noch keine zufriedenstellende Begründung der Sachbezogenheit der religiösen Symbole. Mußte nicht z.B. die psychoanalytische Religionskritik, gegen die sich TILLICH gerade 1928 sehr energisch abzugrenzen versucht, mit ihrer Erklärung religiöser Phänomene als eines symbolischen Reflexes von Triebverzichten das 'Unbedingt-Transzendente' in seiner Sachbezogenheit unglaubwürdig machen? An diesem Punkt setzt die Kritik von URBAN an. Da TILLICH von Gott nur symbolisch spricht, folgert er: "Such a theory as Professor Tillich's easily becomes a prey to purely negative and naturalistic theories ..."[3] URBAN seinerseits bekennt sich zu der Theorie der 'analogia entis', die die Gefahr einer fiktionalistischen Deutung religiöser Symbole ausschaltet.

TILLICH nimmt in seiner Antwort auf die Kritik von URBAN den Begriff der 'analogia entis' deswegen als sachlich

1) URBAN (1940)
2) Symbol and Knowledge
3) URBAN (1940) S. 36

zutreffend auf, weil die Symbole mit der transzendenten Realität, die sie symbolisieren,[1] etwas gemeinsam haben. Über diese Gemeinsamkeit kann jedoch über die anthropologische Begründung, die im vorigen Abschnitt skizziert wurde, hinaus in rationalen Begriffen keine Aussage gemacht werden. Deswegen lehnt TILLICH die 'analogia entis' als rationale Konstruktion ab.[2]

Damit ist der methodische Gewinn, den die 'analogia entis' bedeuten könnte, wieder hinfällig. Sie wird zu einer symbolischen Beschreibung der These TILLICHs, daß die Symbole mit der Transzendenz, die sie symbolisieren, etwas gemeinsam haben. TILLICH verstärkt zwar den Hinweis auf die Verankerung der religiösen Symbole in der Transzendenz, bleibt aber bei einer scharfen Trennung von anthropologisch negativen Begriffen und symbolisch positiven Aussagen.[3] Die Symbole ermöglichen also auch

---

1) Sehr vage heißt es: "Positive-symbolic terms presuppose - in this I agree fully with Urban - that the immediate reality which is used in the symbol has something to do with the transcendent reality which is symbolized in it. Therefore I can accept the classical doctrine of 'analogia entis', ..." (Symbol and Knowledge, S. 203)

2) "But while accepting the method of 'analogia entis', I cannot accept any attempt to use it in the way of rational construction. The symbolic, affirmative concepts about God, his qualities and his actions, express the concrete form in which the mysterious ground and abyss of being has become manifest to a being as his ultimate concern in an act which we call 'revelation'. The special symbols are dependent on the concrete situation and configuration in which the mystery of the ground appears to us." (ebda S. 203)

3) LOOFF hat die Kontroverse zwischen URBAN und TILLICH kommentiert. Er sieht den Unterschied zwischen den beiden Positionen in dem zugrundegelegten philosophischen Wahrheitsbegriff. TILLICH vertritt einen existentiellen Wahrheitsbegriff und setzt sich dadurch dem Vorwurf des Fiktionalismus aus: "Der Vorwurf des Fiktionalismus hat unseres Erachtens darin seine Berechtigung, daß Tillich einen existentiellen Wahrheits-

nach der interpretierenden Verwendung der 'analogia entis' keine objektive Erkenntnis, sondern der Symboldialektik von Uneigentlichkeit und Selbstmächtigkeit entspricht nach wie vor die Glaubensdialektik von Setzung und Aufhebung religiöser Vorstellungen. Die 'analogia entis' ist also eine theologisch-symbolische Ausdrucksweise zur Reflexion der vorgängigen Erfahrung des Unbedingten.

Diese hier von TILLICH gegebene Antwort wandelt sich terminologisch, nachdem er ontologische Begriffe zur Interpretation religiöser Symbole herangezogen hat. Deutlich wird das an der Darstellung der 'analogia entis' in der 'Systematischen Theologie'. Sie wird jetzt nicht mehr nur zugestanden, sondern rückt zentral in den Mittelpunkt der Begründung der Gotteslehre. "Die <u>analogia entis</u> gibt uns allein das Recht, überhaupt von Gott zu sprechen. Sie beruht auf der Tatsache, daß Gott als Sein-Selbst verstanden werden muß."[1] So kann parallel von analoger oder symbolischer Gotteserkenntnis gesprochen werden.[2] Aber TILLICH schränkt auch hier ein. Die 'analogia entis' kann keine rationale Methode sein, mit deren Hilfe eine natürliche Theologie[3] erstellt werden könnte.[4]

---

begriff vertritt, der auf jede objektive Beglaubigung oder rationale Einsichtigkeit verzichtet. Dieser Wahrheitsbegriff ist abhängig von der äußeren Situation, ... Dieser Wahrheitsbegriff verlangt Hingabe (surrender) an das, 'was mich unbedingt angeht', und macht solche von einem übermächtigen Transzendenten gewirkte Hingabe selber zum Wahrheitskriterium, über das hinaus es keiner weiteren Beglaubigung bedarf. Tillich sieht in den Symbolen nur Mittel zur Weckung von Erfahrungen. Urban schaut auf ihre rationale Struktur." (LOOFF 1955, S. 64)

1) STH I, S. 278

2) ebda S. 157f und STH II, S. 15

3) STH I, S. 157

4) Im zweiten Band der 'Systematischen Theologie' schlägt TILLICH den Begriff 'analogia imaginis' vor. (S. 125f)

TILLICH selbst hat 1961 seine Lehre von der 'analogia entis' gegen die thomistisch-katholische Lehre abgegrenzt: Der Unterschied ist für ihn ein doppelter: Die katholische Auffassung von der 'analogia entis' "emphasizes the rational character of the theological statements about the transcendent. They can be supported by valid arguments and they grasp something which is true in itself, whether it is grasped or not."[1] Das ist der eine Punkt. Hier steht TILLICHs Ablehnung einer natürlichen Theologie im Hintergrund. Die andere Differenz zwischen TILLICHs Auffassung und der des Katholizismus liegt darin, daß die katholische 'analogia entis' "essentially static"[2] ist. Das symbolschaffende Bewußtsein bzw. Wandlungen

---

Über die Bedeutung dieses Begriffes ist in der Sekundärliteratur gestritten worden: NÖRENBERG (1966) hat die Unterscheidung zwischen 'analogia entis' als Grundlage und 'analogia imaginis' als darauf aufbauender aktueller Offenbarung zur Hauptthese seines Buches gemacht. (S. 166ff)
cf dazu auch REETZ (1971) S. 116ff.
LANGER (1969) S. 151 hat das für die Theorie religiöser Symbole allgemein bestritten unter Hinweis darauf, daß von 'analogia imaginis' nur im Zusammenhang mit der Christologie, nicht aber im Zusammenhang mit der Gotteslehre gesprochen wird. Diese Auffassung leuchtet zwar zunächst ein, setzt TILLICH aber dem Verdacht einer natürlichen Theologie aus, wenn nicht alle Gotteserkenntnis über die Christologie vermittelt wird. Hier wird deutlich, daß TILLICH zwischen einer allgemeinen Seinsoffenbarung und einer christologisch begründeten Offenbarungslehre schwankt. Über diese Einsicht in diese Problematik hinaus scheint mir die einmalige Verwendung des Begriffes 'analogia imaginis' keine eindeutige Interpretation zuzulassen, vor allem deswegen, weil die Stelle auch die Interpretation zuläßt, daß 'analogia imaginis' die in TILLICHs Sinn interpretierte 'analogia entis' im Bereich der Christologie ist.

1) The Significance of Jung's Concept of Archetypes for the Problem of Religious Symbols, S. 29

2) ebda

der menschlichen Erfahrung spielen keine Rolle. Der analog ermittelte Inhalt ist situations- und zeitlos gültig.[1] Das kann TILLICH aufgrund seines situationsbezogenen Wahrheitsbegriffs nicht zugeben. Zudem unterscheidet sich sein Verständnis von der Analogie von dem katholischen dadurch, daß er nicht an eine Analogie zwischen zwei Seinsbereichen denkt, sondern an eine Analogie zwischen der ontologischen Grundstruktur der Welt und der erfahrbaren Wirklichkeit, anders ausgedrückt an eine Analogie zwischen Sein und einem Seienden.[2]

Insgesamt wird die katholische Lehre von der 'analogia entis' in so erheblichem Ausmaß verändert, daß man fragen muß, ob TILLICHs Verwendung dieses Begriffes zur Kennzeichnung seiner eigenen Theorie sinnvoll ist oder ob hier nicht Mißverständnisse entstehen müssen.[3] Wenn aber die 'analogia entis' aufgrund der Interpretation TILLICHs, die fast einer Ablehnung gleichkommt, nicht als Begründung religiöser Symbole angenommen werden kann,

---

1) So auch in der Diskussion zu dem Vortrag: 'Das religiöse Symbol' (1961) S. 9f: "Die katholische Analogia entis ist die natürliche Theologie, die auf Grund bestimmter Analysen der Wirklichkeit Analogien feststellt, die dann absolut gültig sind und der historischen Dynamik entbehren, die die wirkliche Entwicklung der Analogie immer gehabt hat. Das heißt: Analogia entis beruht auf der Möglichkeit eines ewig gültigen Systems entweder natürlicher Theologie oder supranatural autorisierter Theologie. Nun stehen wir im Protestantismus. Wir haben weder das Eine noch das Andere entsprechend dem protestantischen Prinzip. Wir haben das dynamische Prinzip der Wahrheit."

2) cf z.B. STH I, S. 186: "Wenn wir das Symbol 'Göttliches Leben' gebrauchen, was wir sicherlich müssen, setzen wir voraus, daß eine Analogie zwischen der Grundstruktur des Lebens, wie es von uns erfahren wird, und dem Grund des Seins, in dem das Leben wurzelt, besteht."

3) so auch LANGER (1969) S. 151

so hat TILLICH bis hierher die Symbole nur anthropologisch in der Erfahrung des Unbedingten, der Grenze, der letzten Wirklichkeit aufgewiesen.

Seine Schwierigkeiten, die eigene Forderung nach einem unsymbolischen Bezugspunkt religiöser Symbole zu erfüllen, werden noch einmal deutlich, wenn man sich seine Versuche ansieht, eine unsymbolische Aussage über Gott zu machen.

2.2223 <u>Nichtsymbolische Aussagen über Gott</u>

Nachdem TILLICH die Notwendigkeit zugegeben hatte, daß unsymbolisch über die Notwendigkeit von Symbolen gesprochen werden müsse, da sonst die ganze Symboltheorie ohne Sachbezug bliebe, formuliert er im 1. Band der 'Systematischen Theologie': "Der Satz, daß Gott das Sein-Selbst ist, ist ein nicht-symbolischer Satz. Er weist nicht über sich selbst hinaus. Was er sagt, meint er direkt und eigentlich."[1] Dieser Satz setzt die Aufnahme des Seinsbegriffes[2] als Korrelat zum Gottesbegriff voraus. Die Begründung und Verteidigung des Seinsbegriffes soll vor der Darstellung der nichtsymbolischen Aussagen knapp abgehandelt werden.

Wie begründet TILLICH die Verwendung des Seinsbegriffes in der systematischen Theologie? "Es gibt ein Element

---

1) STH I, S. 277

2) cf auch WW V, S. 218: TILLICH geht hier über den 1928 gemachten eschatologischen Vorbehalt hinweg und vertritt die These, daß man von Gott symbolisch und nichtsymbolisch zugleich reden müsse. "Wenn wir nichtsymbolisch reden, sagen wir, daß er die letzte Wirklichkeit, das Sein-Selbst, der Grund des Seins, die Macht des Seins ist. Wenn wir symbolisch reden, nennen wir ihn das höchste Wesen, in dem alles Endliche in höchster Vollkommenheit vereinigt ist."

in der biblischen und der kirchlichen Idee von Gott, das die ontologische Frage notwendig macht: das ist die Aussage, daß Gott ist."[1] Die Verbindung von Sein und Gott ist aber auch deswegen nötig, weil beide dem Menschen mit Unbedingtheitsanspruch begegnen. Das Sein ist das philosophische Absolute und Gott das religiöse Absolute. Beide gehen den Menschen unbedingt an. Aber: "Zwei letzte Anliegen nebeneinander kann es nicht geben. Wenn es sie gäbe, dann würde das eine oder das andere oder beide nicht unbedingt sein."[2] Wenn sie aber beide den Menschen unbedingt angehen, müssen sie identisch sein.

Im zweiten Band der 'Systematischen Theologie' hat TILLICH die Verwendung des Seinsbegriffes als Grundbegriff systematischer Theologie gegen nominalistische und personalistische Kritik verteidigt.[3]

Der Nominalismus sieht im Seinsbegriff eine höchste Abstraktion von einzelnem Seienden oder einzelnen Gegebenheiten. Für ihn ist der Seinsbegriff eine heuristische Kategorie. Er hat im Gegensatz zu Einzeldingen keine Realität. Dieser Auffassung vom Sein stellt TILLICH eine andere entgegen: "Im Seinsbegriff spiegelt sich die Erfahrung des Gegensatzes von Sein und Nichtsein. Darum kann Sein beschrieben werden als die Macht des Seins, die dem Übergang ins Nichtsein widersteht. ... Dieser Seinsbegriff liegt jenseits des Konflikts von Nominalismus und Realismus. Dasselbe Wort, das der leerste aller Begriffe ist, wenn es als Abstraktion genommen wird, ist der erfüllteste und sinnvollste aller Begriffe, wenn es als die Macht des Seins in allem, was Sein hat, verstanden wird."[4]

---

1) ebda S. 182
2) ebda S. 169
3) STH II, S. 16ff
4) ebda S. 17

Die personalistische Kritik beruft sich auf die Erfahrung des Heiligen als Person und auf die starke Betonung der personalen Züge in der biblischen Tradition. Gegen diese Kritik behauptet TILLICH, daß in der Bibel sehr viele latente ontologische Fragen stecken,[1] die man nur künstlich unterdrücken könne. Zudem führe die Rezeption der personalen Sprache bei Ausschaltung einer ontologischen Reflexion dazu, daß "man die Theologie auf eine Wiederholung und Systematisierung von Bibelworten reduzieren"[2] würde.

Der Satz 'Gott ist das Sein' ist der unsymbolische Bezugspunkt, ohne den alle religiösen Symbole unbegründet wären. Damit scheint das Problem der Legitimation religiöser Symbole gelöst zu sein. Aber kann man diesen Satz wirklich für unsymbolisch halten? Wenn man das tut, muß man entweder alle Aussagen über Gott für unsymbolisch halten oder die Aussage 'Gott ist das Sein' von anderen Aussagen über Gott scharf unterscheiden.

TILLICH selbst hat an dieser Stelle seine Auskunft aus dem 1. Band der 'Systematischen Theologie' für unbefriedigend gehalten und hat im 2. Band der 'Systematischen Theologie' die Behauptung, der Satz 'Gott ist das Sein' sei unsymbolisch, zurückgenommen.[3] Er behauptet zwar

---

1) TILLICH führt als Beispiel das Wort von Jesus an, daß jedes Haar auf dem Kopf der Menschen gezählt sei, und kommentiert das: "Nimmt man solche Aussagen wörtlich, so werden sie absurd. In Wirklichkeit ist das Wort Jesu eine Aussage, die so viel potentielle Ontologie enthält, wie das System Spinozas aktuelle Ontologie enthält." (ebda S. 18)

2) ebda

3) ebda S. 15f. Merkwürdigerweise wird in der Sekundärliteratur auf diese Stelle selten Bezug genommen, sondern meistens nur auf die Stelle in STH I, S. 277: NÖRENBERG (1966) S. 78, 113, 171, 187; LANGFORD (1958) S. 34/36; McDONALD (1964) S. 416; FORD (1963) S. II, 33, 151, 246; berücksichtigt bei MADSEN (1958) S. 222 und bei SCHARLEMANN (1966) S. 95; cf LANGER (1969)

immer noch, daß es eine unsymbolische Aussage über Gott geben müsse und auch gebe. Diese Aussage lautet jetzt aber anders: "Alles, was über Gott gesagt werden kann, ist symbolisch. Diese Behauptung ist eine Aussage über Gott, die selbst nicht symbolisch ist."[1] Diese Aussage bringt zunächst keine Änderung gegenüber der Äußerung im ersten Band der 'Systematischen Theologie'. Denn sie ist keine Aussage über Gott, sondern eine Aussage über die semantische Struktur der Aussagen über Gott. Damit ist sie eine Aussage, die außerhalb des theologischen Zirkels gemacht werden kann, während die unsymbolische Aussage 'Gott ist das Sein' eine Aussage innerhalb des theologischen Zirkels ist. Aber auch innerhalb des theologischen Zirkels ergibt sich eine Verschiebung. Die Aussage 'Gott ist das Sein' gilt jetzt nicht mehr als unsymbolisch, sondern als zugleich symbolisch und nichtsymbolisch. "Wenn wir sagen: 'Gott ist ... das Sein-Selbst', sprechen wir zugleich rational und ekstatisch. Das beschreibt genau die Grenzlinie, an der symbolische und nicht-symbolische Rede zusammenfallen. Bis zu dieser Grenze ist jede Aussage nicht-symbolisch ... Jenseits dieser Grenze ist jede Aussage symbolisch ... Die Grenzlinie selbst ist beides: nicht-symbolisch und symbolisch."[2] Mit der Einführung der Grenzlinie ist jedoch die Begründung für die Sachbezogenheit religiöser Symbole nicht geleistet. Denn die Behauptung vom Zugleich des symbolischen und nichtsymbolischen Charakters der Grenzlinie muß ja eine Brechung rationaler Erkenntnis bedeuten. Dann aber ist über den Unterschied von symbolischer Rede und Grenzlinie zwischen symbolischer und nichtsymbolischer Rede in theoretischen, reflektierbaren Begriffen nichts auszusagen.

S. 92 Anm. 391, der das Fehlen der Interpretation dieser Stelle für weitere Autoren belegt.

1) STH II, S. 15f

2) ebda S. 16

TILLICH hält bei der Angabe dieser Grenzlinie genau den Umschlagspunkt von via negationis und via eminentiae fest. Diese beiden Wege stehen für ihn nicht beziehungslos nebeneinander, sondern werden durch den Gedanken der Partizipation, der schon die Methode der Korrelation anthropologisch begründete, verbunden. Der Mensch hat am Grund des Seins teil und ist von ihm getrennt. Das ist seine dialektische Situation. Weil er an ihm teilhat, ist die Aussage 'Gott ist das Sein' nichtsymbolisch, weil er nicht an ihm teilhat, ist diese Aussage symbolisch.[1] Das ist die abschließende systematische Antwort TILLICHs auf die Frage nach dem Bezugspunkt der religiösen Symbole.

Auch hier wird wieder deutlich, daß TILLICH Schwierigkeiten hat, einer relativistischen anthropologischen Theorie religiöser Symbole zu entgehen.

Er hat jedoch zeitlebens versucht, die religiösen Symbole objektiv zu begründen, zu reifizieren. Das ergibt sich aus der Absicht, die er mit seiner theologischen Arbeit verfolgt hat, "nämlich der apologetischen Aussprache gegen das Säkulare und mit dem Säkularen",[2] demgegenüber das Christentum in einer unangreifbaren Sachbezogenheit ausgewiesen werden mußte. Welche Schwierigkeiten dies im Bereich der Auseinandersetzung mit anderen Symboltheorien bedeutete, soll im nächsten Abschnitt gezeigt werden.

---

1) LOHFF (1959) S. 68 weist darauf hin, daß der ontologische Gedanke der Partizipation keinen Gegensatz, keine deutliche Scheidung von Gott und Mensch ermöglicht, "sondern nur ein dialektisches Auseinandertreten auf Grund einer unzerstörbaren ontologischen Beziehung. In der Konsequenz dieses Gedankens liegt es, daß für die religiösen Symbole kein legitimierender Bezugspunkt gefunden werden kann, sondern die Inhalte religiöser Symbole anthropologisch reflektiert werden.

2) Die Bedeutung der Religionsgeschichte für den systematischen Theologen, S. 199f

2.2224 Abgrenzung gegen Symboltheorien mit wissenschaftlichem Anspruch

TILLICH hat seine Theorie mehrfach gegen andere Theorien abgegrenzt. Die dabei verwendeten Argumente sollen nicht vollständig nachgezeichnet werden, sondern es soll an drei Argumentationsgängen noch einmal TILLICHs Schwierigkeit gekennzeichnet werden, über eine anthropologische Begründung hinaus eine objektive Verankerung der religiösen Symbole einleuchtend zu machen.

TILLICH hat sich erstens gegen die Symboltheorie von CASSIRER abgegrenzt, der in TILLICHs Augen die Realität in eine Vielfalt verschiedener Symbolsysteme auflöste. Sie reichen von mathematischen bis zu mythologischen Symbolsystemen. Dabei bleibe die Realität dem Menschen fern. Sie sei ihm nur in verschiedenen Symbolen gegeben. Diese - von TILLICH negativ bewertete - Auflösung der Realität sei nur als Folge des Neukantianismus' CASSIRERs verständlich, "d.h. einer Philosophie, die der Realität selber alle Formen und Strukturen wegnimmt, um sie dem menschlichen Geist selbst zuzusprechen."[1] Dieser pansymbolischen Theorie wirft TILLICH vor, daß sie den eigentlichen Sinn des Begriffes Symbol in seiner speziellen Differenz zu anderen verwandten Begriffen nicht festhalten könne: "Wenn alles Symbol ist, ist nichts mehr Symbol".[2] TILLICH will aber die Unterscheidung zwischen symbolisch und nichtsymbolisch festhalten.

Die Differenz zwischen CASSIRER und TILLICH ist in ihrer unterschiedlichen Auffassung über die Möglichkeit von der Erkenntnis der Wirklichkeit begründet. CASSIRER hält es für das Ziel geistiger Arbeit, die Wirklichkeit aktiv zu strukturieren: Erst beim geistigen gegenüber

---

1) Vortrag:'Mythos und Symbol',S. 2
2) ebda

dem sinnlichen Bewußtsein "tritt an die Stelle der passiven Hingegebenheit an irgendein äußeres Dasein eine selbständige Prägung, die wir ihm geben, und durch die es für uns in verschiedene Wirklichkeitsbereiche und Wirklichkeitsformen auseinandertritt. Der Mythos und die Kunst, die Sprache und die Wissenschaft sind in diesem Sinne Prägungen <u>zum</u> Sein: sie sind nicht einfache Abbilder einer vorhandenen Wirklichkeit, sondern sie stellen die großen Richtlinien der geistigen Bewegung, des ideellen Prozesses dar, in dem sich für uns das Wirkliche als Eines und Vieles konstituiert, - als eine Mannigfaltigkeit von Gestaltungen ...".[1)] Diese Blickrichtung vom erfassenden und strukturierenden Verstand zur Wirklichkeit hält TILLICH im Blick auf die religiösen Symbole für einseitig. Durch den Gedanken der Repräsentation[2)] hält TILLICH daran fest, daß es ein "passives Ergriffensein von einem in die Geschichte einbrechenden übermächtigen Unbedingt-Transzendenten"[3)] gibt. "Reli-

---

1) CASSIRER (1923) 1. Teil S. 43
cf auch ebda S. 51: "Geht man dagegen den umgekehrten Weg, - verfolgt man nicht das Ideal einer passiven Schau der geistigen Wirklichkeiten, sondern versetzt man sich mitten in ihre Aktivität selbst - faßt man sie nicht als die ruhende Betrachtung eines Seienden, sondern als Funktionen und Energien des Bildens, so lassen sich zuletzt an diesem Bilden selbst, so verschieden und ungleichartig die <u>Gestalten</u> sein mögen, die aus ihm hervorgehen, doch gewisse gemeinsame und typische Grundzüge der <u>Gestaltung</u> selbst herausheben."

2) Der Gedanke der Repräsentation tritt neben den Gedanken der Partizipation, ohne daß TILLICH eine Zuordnung beider gibt. Sicher ist jedoch so viel, daß Partizipation von dem erkennbaren Unterschied zwischen Symbol und Zeichen ausgeht und auf den selbsttranszendierenden Charakter der Symbole hinweist. Der Blick geht also vom vorhandenen Symbol zu der dahinterliegenden Wirklichkeit. Der Gedanke der Repräsentation geht umgekehrt von der hinter dem Symbol liegenden Wirklichkeit aus, die durch das Symbol als Repräsentanten dargestellt wird. (cf dazu REETZ 1971, S. 37)

3) LOOFF (1955) S. 123; cf auch NÖRENBERG (1966) S. 138

giöse Symbole sind zweischneidig. ... Sie zwingen das Unendliche in die Endlichkeit hinab und das Endliche hinauf zur Unendlichkeit"[1], sie dienen also der Vermittlung der ineinanderliegenden unterschiedlichen Wirklichkeitsdimensionen des Endlichen und Unendlichen.

TILLICH versucht hier - ähnlich wie bei seinem Hinweis auf die Notwendigkeit eines unsymbolischen Bezugspunktes religiöser Sprache -, auf die Wirklichkeitsgebundenheit religiöser Symbole hinzuweisen. Aber hier wie dort bleibt er eine Validierung dieser Hinweise durch weitere Argumente schuldig.

TILLICH hat sich zweitens gegen die soziologischen und psychologischen Theorien religiöser Symbole[2] abgegrenzt. Diese billigen nach TILLICH Symbolen keine Sachentsprechung mit der Wirklichkeit, die sie symbolisieren, zu, sondern behaupten, daß die Symbole der Reflex oder die Spiegelung gesellschaftlicher oder psychischer Zustände sind. Es gehe in diesen Theorien nicht um Wahrung oder Betrachtung des symbolischen Charakters des Materials, sondern darum, durch wissenschaftliche Aufklärung die Uneigentlichkeit des Symbols in rationale Begriffe aufzulösen. Darin seien sich die soziologischen und psychologischen Theorien gleich. Der Unterschied liege darin, daß die Psychologie - TILLICH denkt hier an die Psychoanalyse[3] - von dem Erleben des Einzelmenschen, während die Soziologie - TILLICH denkt hier an den jungen MARX[4] - von dem Phänomen der gesellschaftlichen Entfremdung ausgehe.

1) STH I, S. 278
2) Vortrag: 'Mythos und Symbol', S. 2f
3) ebda S. 2
4) ebda

Beiden Theorien gesteht TILLICH zu, daß sie jeweils eine Seite der Entstehung religiöser Symbole einleuchtend analysieren und darstellen können. "Wenn die Psychoanalyse z.B. die Anwendung des Vatersymbols auf Gott als Ausdruck des analytischen Vaterkomplexes wertet (wie etwa die Soziologie als Ausdruck der Männerherrschaft),"[1] dann erklärt das, warum das Vatersymbol und nicht irgendein anderes Symbol auf Gott angewendet wurde. Es erklärt jedoch nicht die Notwendigkeit des Symbolisierens überhaupt. Diese liegt darin begründet, daß das, was den Menschen 'unbedingt angeht', dargestellt werden muß. Das Woher dessen, was den Menschen unbedingt angeht, liegt außerhalb des Menschen. Es kann zwar nur symbolisch beschrieben werden, hat aber vor aller symbolischen Formulierung religiöser Symbole Realität. Diese Realität verbietet es, die Genese der Symbole psychologisch auf unbewußte Vorgänge im Leben der Menschen oder soziologisch auf Konstellationen im Zusammenleben der Menschen zurückzuführen. Die soziologische und psychologische Forschung haben recht, solange sie sich mit dem Problem der "Symbolwahl"[2] beschäftigen, sie haben unrecht, wenn sie "eine genetische Theorie des Symbols selbst"[3] geben. Wo eine solche Theorie dennoch gegeben wird, überschreitet die Sozialpsychologie ihre wissenschaftlichen Möglichkeiten.[4]

---

1) WW V, S. 200

2) ebda S. 198

3) ebda

4) TILLICH kritisiert hier sehr scharf: Der soziologischen und psychologischen genetischen Deutung religiöser Symbole liegt "der Verzicht auf ernsthafte ontologische Fragestellung und darum das naive Verfallen an eine gänzlich unzureichende, höchst oberflächliche Seinsauffassung" (Religiöse Verwirklichung, S. 285 Anm. 8) zugrunde. "Der naive ontologische Gebrauch von 'Gesellschaft' oder 'Unbewußtes' ... ist nicht minder gefährlich als der meist sehr viel durchdach-

TILLICHs Abgrenzungsversuch besteht also über den schon erörterten Gedanken der Repräsentation hinaus in der Unterscheidung zwischen Symbolwahl und Symbolgenese,[1] die von TILLICH weder begründet noch verteidigt worden ist. Darauf komme ich im Abschnitt 2.234 zurück.

Die dritte Argumentationskette, die TILLICHs Schwierigkeiten beim Versuch einer objektiven Begründung religiöser Symbole in Abgrenzung gegenüber anderen Theorien verdeutlichen soll, bezieht sich auf seine Aufnahme des JUNGschen Begriffs 'Archetyp'. TILLICH hat sich schon als Privatdozent in Berlin (1919 bis 1924) mit der Tiefenpsychologie beschäftigt, als er im Rahmen einer Theologie der Kultur die der Theologie benachbarten Gebiete Politik, Kunst, Philosophie, Soziologie und Tiefenpsychologie behandelte. In seinem ganzen Werk findet man verstreute Hinweise. Sie haben im wesentlichen die Funktion, TILLICHs Gedanken von anderer Seite her zu belegen und verständlich zu machen. Das zielt meistens auf kleine inhaltliche Ausschnitte der psychoanalytischen Ergebnisse, nicht auf theoretische Grundbegriffe der Psychoanalytiker. Anders ist es mit der Aufnahme des JUNGschen Terminus 'Archetyp'. Er wird zur echten theoretischen Hilfe bei der Darstellung religiöser Symbole und dient zur Abwehr zweier anderer Begründungszusammenhänge religiöser Symbole.

Oben (2.2222) war gezeigt worden, daß TILLICH die katholische Auffassung von der 'analogia entis' als zu rational und zu statisch verwirft. TILLICH kritisiert ebenso

---

tere Gebrauch von Kategorien der idealistischen Ontologie." (ebda)

1) Der Unterscheidung von Symbolwahl und Symbolgenese entspricht es, daß TILLICH einen 'methodischen Positivismus' zur Aufhellung der Entstehungs- und Entwicklungsgeschichte im Bereich des Symbolmaterials bejaht, aber einen theoretischen Erklärungsanspruch des Positivismus im Bereich der Notwendigkeit zu symbolisieren ablehnt. (cf WW II, S. 340)

die orthodox-protestantische Lehre. Ihre Antwort auf die Frage nach der objektiven Begründung religiöser Symbole besteht in einer supranaturalen Offenbarungslehre.[1) "If neither the one nor the other answer seems acceptable - which is my conviction - the symbols seem to be reduced to a complete relativism, without criteria and without continuity."[2)

Aus diesem Dilemma führt die JUNGsche Archetypenlehre durch ihre Unterscheidung von Archetyp und Symbol heraus. "Symbols are the infinitely variable expressions of the underlying, comparatively static archetypes. It is important that Jung attributes to the archetypes another ontological status than that attributed to the symbols. They are potentialities, while the symbols are actualizations conditioned by the individual and social situations. The archetypes lie in the unconscious and break into the conscious life in experiences which show something of the ecstatic character attributed to revelatory experiences. That they are preformed in the unconscious as potentialities makes understandable both the wide range of their variability and the traits of a definite structure which limit the possibilities of variation."[3)

Die Archetypen helfen erstens, die Fülle des symbolischen Materials zu ordnen. Sie erklären Reichtum und Struktur des Symbolmaterials.

Sie repräsentieren zweitens das relativ statische Element und geben damit die psychologische Basis für die

---

1) "Orthodox Protestantism has an answer in a strictly supranaturalistic doctrine of revelation. According to it, a particular revelation - the Biblical one - gives the eternally valid symbols." (The Significance of Jung's Concept of Archetypes for the Problem of Religious Symbols, S. 30)

2) ebda

3) ebda

Kontinuität der symbolisch ausgedrückten Erfahrungen ab.

Sie vermitteln drittens als im Unbewußten liegende Potentialitäten durch ihre Aktualisierung in Symbolen das Unbewußte mit dem Bewußten, eine Vermittlung, die für TILLICH deswegen wichtig ist, weil er Glaube nicht als intellektuellen Akt, sondern als Akt der ganzen Person verstehen und dem Protestantismus andere, über die rationale und ethische Dimension hinausgehende Dimensionen wiedergewinnen will.[1)]

Sie geben viertens den konkreten Symbolen kein absolutes Gewicht. Dadurch wird das Sterben eines Symbols in seiner Wichtigkeit relativiert. Denn der dem Symbol zugrundeliegende Archetyp verwirklicht sich dann in anderen Symbolen.[2)]

Soweit stimmt TILLICH der Lehre von den Archetypen zu. Er macht jedoch auf ein Problem aufmerksam. Obwohl die Archetypen als Potentiale aufgefaßt werden, die die Symbolbildung beeinflussen und dem Blick des Forschers als Strukturgleichheiten auffallen, ist es dennoch unmöglich, einen Archetyp exakt zu beschreiben. Denn diese Beschrei-

---

1) cf Wesen und Wandel des Glaubens, S. 12ff. "Glaube als Akt der Person als ganzer ist nicht denkbar ohne die Partizipation der unbewußten Elemente der Persönlichkeitsstruktur." (ebda S. 13)

2) In der Diskussion über den Vortrag: 'Das religiöse Symbol' (1961) berichtet TILLICH über ein Erlebnis auf der Akropolis beim Anblick des Parthenon. Das Erlebnis bestand in der Erfahrung "von der Heiligkeit des Platzes, die noch da ist in den Ruinen, wenn man mit künstlerischem Blick sieht, was Ungeheures da geschaffen ist und was da den Menschengeist inspiriert haben muß, - die Griechen haben es Athene genannt, zum Teil Apollo, was ja ähnlich ist. Und dieser Archetyp, der in Athene und Apollo ausgedrückt ist, der kann, glaube ich (,) nicht sterben, der ist eine Seinsmächtigkeit in sich selber." (S. 4, Hervorhebung im Zitat vom Vf.)

bung wäre nach TILLICH selbst wieder symbolisch. TILLICH legt die Betonung auf den Charakter der Potentialität der Archetypen und entleert sie damit konkret beschreibbarer Inhalte. Er hält es für unmöglich, das dynamische von dem relativ statischen Element zu trennen und gesondert zu beschreiben.

TILLICH führt die psychologische Theorie der Archetypenlehre ein, um sich aus dem Trilemma zu retten, sich entweder für eine objektiv ontologische (katholisch) oder für eine objektiv supranaturale (protestantisch) oder für eine relativistische Theorie entscheiden zu müssen. Wie verträgt sich das mit seiner Forderung, die psychologische Theorie auf die Analyse der Symbolwahl zu beschränken? Ist nicht die Theorie von den Archetypen anthropologisch relativistisch? Begründet sie die Notwendigkeit des Symbolisierens aus dem symbolschaffenden Bewußtsein, und steht sie damit im luftleeren Raum? Ist der Begriff des Archetypus ein empirischer Begriff, als welchen ihn JUNG zumindest verstanden wissen will, der gar nichts über den Realitätsbezug der durch ihn geprägten Symbole aussagt, oder ist er ein verdeckter metaphysischer Begriff, der diesen Realitätsbezug impliziert?

Hier ist TILLICH, wie er an mehreren Stellen zugibt,[1] in der Deutung JUNGs unsicher. Er gesteht zu, daß JUNG sich gegen eine metaphysische Interpretation gewehrt hat und wehren würde, führt das aber auf die allgemeine Scheu der Denker des 19. Jahrhunderts zurück, eine metaphysische Aussage zu machen. Dabei hält TILLICH JUNG für einen "Vollblut-Metaphysiker".[2] Wegen dieser Unsi-

---

1) The Significance of Jung's Concept of Archetypes for the Problem of Religious Symbols, S. 31, und Diskussion zum Vortrag:'Das religiöse Symbol' (1961) S. 10

2) Diskussion zum Vortrag:'Das religiöse Symbol' (1961) S. 11

cherheit will TILLICH sich im Endeffekt doch nicht auf diesen Begriff festlegen lassen.[1] Das zugrundeliegende Problem aber bleibt, die Frage nämlich: Gibt es "statische Potentialitäten für (die) Symbolbildung, die sich tatsächlich durch die ganze Geschichte hinziehen, weil sie ontologische Wurzeln haben und weil sie in der Fundamentalstruktur des Seins enthalten sind? Und dazu würde ich 'ja' sagen."[2] Die Verankerung der religiösen Symbole in der Grundstruktur des Seins ist das Kriterium für andere Theorien. Bei JUNG ist TILLICH in der Interpretation unsicher, keineswegs aber in der Beurteilung. Werden die Archetypen ontologisch-metaphysisch verstanden, kann TILLICH dieser Theorie im wesentlichen zustimmen, werden sie nicht in der Struktur des Seins festgemacht, erklären sie nur die Symbolwahl. Aufgrund seiner Forderung, religiöse Symbole müßten in der Grundstruktur des Seins begründet sein, kann TILLICH seine eigene Theorie 'Partizipationstheorie'[3] nennen oder als 'transzendent realistisch'[4] bezeichnen.

TILLICH führt die Archetypenlehre ein, um sich gegen eine fundamentalontologische Begründung religiöser Symbole abzusetzen. Er kritisiert die Archetypenlehre, sofern sie nicht ontologisch verstanden wird. Hier zeigt sich noch einmal, daß TILLICH zwischen Fundamentalontologie und anthropologischem Relativismus schwankt.

---

1) ebda: "Ich bin darum zunächst einmal hypothetisch auf den Begriff (Archetyp) eingegangen, aber nun, wo Sie mich darauf festlegen, will ich mich nicht ganz darauf festlegen ..."

2) ebda

3) Vortrag: 'Mythos und Symbol' (1948), S. 3

4) cf WW V, S. 206

2.23 Zusammenfassende Beurteilung des Symbolbegriffs

2.231 Beurteilungsmaßstab

In diesem Abschnitt soll die dritte Leitfrage auf TILLICHs Symbolbegriff bezogen werden. Sie lautete: Wie kann die Theologie bei der Analyse ihrer zentralen Inhalte methodologisch im Bezugsrahmen eines allgemeinen Wissenschaftsbegriffs, namentlich im Bereich erfahrungswissenschaftlicher Strategien bleiben, ohne die Eigenart ihres Gegenstandes zu nivellieren?

Es ist schon gesagt worden, daß der Symbolbegriff ein Anwendungsgebiet theologischer Methodik ist.(cf 1.3) Aus diesem Grund müssen die Voraussetzungen, die als Beurteilungsmaßstab der abschließenden Interpretation der Methode der Korrelation (2.131) zugrundeliegen, auch auf den Symbolbegriff angewendet werden. Das bedeutet, daß alle theologischen Forschungsergebnisse über Symbole nur dann als handlungsorientierendes theologisches Wissen bezeichnet werden können, wenn sie überprüfbar formuliert sind und vergangenheits- und gegenwartsbezogene Forschung miteinander vermitteln.

Für den Symbolbegriff gilt die zusätzliche Folgerung, daß er operationalisierbar sein muß, d.h. die einzelnen Definitionselemente müssen empirisch auffindbar sein, was bedeutet, daß diese Definitionselemente nicht selbst wieder symbolisch sein dürfen, da sonst keine Kontrolle darüber möglich ist, ob der Begriff sinnvoll definiert ist.

Unter diesen Voraussetzungen sollen im Folgenden die Struktur des Symbolbegriffs TILLICHs (2.232), die im Lauf der Jahre von ihm vorgenommenen Erweiterungen und Modifikationen (2.233) und seine Versuche, einen Bezugspunkt für die religiösen Symbole zu finden (2.234), problematisiert werden.[1]

2.232 Probleme der Struktur des Symbolbegriffs

1. TILLICHs Verdienst ist es zunächst, daß er den Symbolbegriff in die neuere theologische Diskussion eingebracht hat. Er ermöglicht damit prinzipiell, daß nicht nur aus der Religion, aus dem Glauben heraus Theologie getrieben werden kann, sondern daß man auch außerhalb der Religion stehend über die Religion theologisch relevant sprechen kann.

Die Verwendung des Symbolbegriffs ist jedoch nicht unproblematisch. Wenn man behauptet, daß symbolische Sätze nicht gegenständlich wahr sind, ergibt sich die Frage, ob die Symbole dann überhaupt eine sinnvolle Aussage enthalten. W. KAUFMANN hat die hier liegende Gefahr sehr drastisch beschrieben. Er wendet sich gegen die Verwendung des Symbolbegriffs, weil "es aber auch keinen Unsinn gibt, von dem sich nicht sagen ließe, symbolisch gesehen sei er wahr - insbesondere, wenn seine symbolische Bedeutung nicht erklärt wird."[2]

---

1) Das geschieht, wo es möglich ist, unter Bezugnahme auf Argumente aus der Sekundärliteratur. Eine vollständige Einarbeitung der Argumente der Sekundärliteratur scheint bei der Fülle der Publikationen kaum noch möglich. Sie erübrigt sich auch deswegen, weil die Kritik am Symbolbegriff zum großen Teil in mehreren Arbeiten bereits aufgearbeitet worden ist: REETZ (1971) S. 65ff hat die Einwände, die sich auf TILLICHs These vom Werden und Vergehen religiöser Symbole beziehen, zusammengefaßt. LANGER (1969) hat die katholische Kritik (S. 149ff) und die "Technopolitische und philosophische Kritik der T.'schen Wirklichkeitsauffassung" (S. 183ff) referiert, d.h. im wesentlichen die Kritik an der ontologischen Begründung der religiösen Symbole.

2) W. KAUFMANN (1958) S. 223

Dennoch bleibt die Klärung der Frage nach Herkunft, Charakter und Wirkung religiöser Sprache, ob man sie symbolisch nennt oder anders, eine sich aus der Wirklichkeit der Religion her stellende Aufgabe, um die sich TILLICH immer wieder zu Recht bemüht hat.

2. TILLICHs Intention, den komplexen Symbolbegriff in einzelne Merkmale zu zergliedern, von denen die beiden Elemente Anschaulichkeit und Uneigentlichkeit unstrittig sind, ist auch aus Gründen der Objektivierbarkeit grundsätzlich zu begrüßen. Jedoch weist bereits seine Charakterisierung der Merkmale aller Symbole zwei Schwierigkeiten auf:

Die erste Schwierigkeit kann anhand eines Einwandes von LOOFF demonstriert werden. Er behauptet gegen TILLICH, daß nicht alle Symbole gruppenbezogen sind, sondern daß es auch individuelle Symbole gibt. "Man denke nur an die Sprache des Traumes, wo der einzelne aus seinem individuellen unbewußten Erleben sich bestimmte Symbole schafft".[1] Hier könnte man gegen LOOFF einwenden, daß Traumsymbole für TILLICH definitorisch zu Symptomen gerechnet werden. LOOFFS Kritik zielt aber weiter: "Es muß nach unserer begründeten Auffassung auch individuelle Symbole geben, die der einzelne sich zwar nicht willkürlich zurechtmacht, die ihm aber aus seiner Begegnung mit der Welt erwachsen. In diesen Symbolen erkennt nicht die Gemeinschaft sich wieder, wohl aber der einzelne in seiner Einstellung zu ihr."[2] Wieder könnte man sagen, daß TILLICH solche individuellen Symbole durch die Gemeinschaftsbezogenheit der Symbole definitorisch ausklammert. Aber dann muß man fragen, ob diese Ausklammerung definitorisch sinnvoll ist oder ob man nicht von Symbolen allgemein sprechen muß und dann differenzierend

1) LOOFF (1955) S. 20
2) ebda S. 54

von individuellen und sozialen Symbolen, wobei TILLICHs Theorie dann in den Bereich der sozialen Symbole fiele. Diese Zuweisung religiöser Symbole zum sozialen Symbol erscheint deswegen sinnvoll, da hier eine Vermittlung der Symbole und ihrer Interpretation durch eine Kirche oder irgendeine andere Form der Gemeinschaft immer eine Rolle zu spielen scheint.

Auf die zweite Schwierigkeit bei der Bestimmung der grundlegenden Merkmale der Symbole hat MADSEN hingewiesen: Er bezeichnet TILLICHs Schriften als poetisch und versucht ein "creative encounter"[1] mit TILLICH, das darin besteht, TILLICHs Theorien umzuformulieren. Dabei geht er von der Möglichkeit einer semantischen Analyse aus, die die ontologische Frage von vornherein ausschließt. Jedes partizipierende Erkennen, wie TILLICH es durch die Aufhebung der Subjekt-Objekt-Struktur im Gedanken des Unbedingten für möglich hält, wird von MADSEN abgelehnt und durch wissenschaftlich distanziertes Erkennen ersetzt.[2] Diese von TILLICHs Voraussetzungen diametral verschiedene Denkhaltung wirkt sich auch auf die Beurteilung der Symboltheorie aus: TILLICHs Theorie ist eine objektivierende Theorie über die Symbole, ist also "metasymbolic".[3] Aber die Formulierung dieser Theorie ist oftmals "nonliteral".[4] Es liegt also eine Vermischung verschiedener Sprachebenen vor.[5]

---

1) MADSEN (1958) S. 42

2) Zur ausführlicheren Darstellung cf LANGER (1969) S. 188

3) MADSEN (1958) S. 161

4) ebda S. 162

5) "... one of the difficulties about his explication of the meaning and function of symbols is that the explication itself is couched in terms (...) which are mytho-poetic, ... and/or symbolic. His intent is to vindicate a literally true theory about the meaning, truth, and authentication of certain spatio-temporal objects, namely marks on paper, collections of words,

Auch SCHARLEMANN kritisiert die Vermischung von Sprachebenen: "Die religiöse Sprache ist symbolisch, da sie auf die in der Begegnung mit dem Heiligen erfahrene Tiefe des Seins hinweist. Ontologische Sprache ist begrifflich, da sie die Seinsstruktur begreift und ausdrückt. Da die Theologie sich mit der Korrelation von beiden beschäftigt, müssen theologische Aussagen nicht symbolische, sondern begriffliche Erklärungen der Wechselbeziehung zwischen dem Religiösen und dem Ontologischen sein".[1)]

Wendet man das auf die Symboltheorie an, so kann man sagen, daß sie weder rein religiös symbolisch noch begrifflich ontologisch ist. Sie setzt zwar mit der Charakterisierung der allgemeinen Merkmale der Symbole ein, enthält aber hier bereits Implikationen aus der Gotteslehre, die keine mögliche Begründung für die Definition des Symbolbegriffs abgeben, da der Sinn einer Rede von Gott erst im Rahmen einer Theorie religiöser Symbole gezeigt werden könnte.

3. TILLICH ordnet die religiösen Symbole einem allgemeinen Symbolbegriff unter und gibt für sie zusätzliche Merkmale an, ein Verfahren, das es ermöglichen könnte, die religiösen Symbole mit anderen nachvollziehbar zu vergleichen, ohne ihre Eigenart zu nivellieren. Die Schwierigkeit liegt hier jedoch darin, daß der formale Ablauf der Definition von allgemeinen Merkmalen zu besonderen des religiösen Symbols inhaltlich dadurch überlagert wird, daß bereits die grundlegende Symboldialektik letztlich Implikationen der christlichen Gotteslehre aufweist, was bedeutet, daß die wissenschaftliche Diskutierbarkeit aller Symbole eingeschränkt wird.

---

and sounds. But his statement of this theory is often nonliteral." (ebda)

1) SCHARLEMANN (1965) S. 247

4. TILLICH versucht, Kriterien für die Wahrheit religiöser Symbole anzugeben, die außerhalb einer symbolischen Legitimation liegen. Er vermeidet dadurch orthodoxe Symbolfixierungen, sofern sich in ihnen keine lebendigen Gegenwartserfahrungen mehr ausdrücken. Es wäre ferner möglich, solche Kriterien zum Ausgangspunkt vergleichender Religionsforschung zu machen. In die Kriterien, daß wahre Symbole sich in ihrer Gegenständlichkeit negieren und daß sie das letzte Anliegen des Menschen in einem konkreten Menschenleben zum Ausdruck bringen, gehen jedoch bereits normative christliche Elemente ein, die auf TILLICHs Herkunft aus dem protestantischen Christentum und seine bewußte Entscheidung dafür hinweisen. Die scheinbar objektivierenden Kriterien erweisen sich als von theologischen Voraussetzungen getragen. Ihre Zweckmäßigkeit als Elemente einer Definition wird nicht thematisiert.[1)]

2.233 Beurteilung der Modifikationen des Symbolbegriffs

1. TILLICH entwickelt im Laufe seiner Reflexionen auf den Symbolbegriff zwei Argumentationen, die die Sachbezogenheit der religiösen Symbole plausibel machen sollen.

Die eine besteht darin, daß religiöse Symbole sich in der Erfahrung des Menschen von anderen Symbolen dadurch unterscheiden, daß sie den Menschen unbedingt angehen. Unter Hinweis auf SCHLEIERMACHER behauptet TILLICH, daß hiermit ein anthropologischer Bezugspunkt für die religiösen Symbole gegeben sei. Hier ergibt sich jedoch die

---

1) In diesem Sinn hat BARTLEY (1962) TILLICHs Definition der Wahrheit religiöser Symbole als uneinsichtig und nicht geeignet kritisiert. (S. 84ff)
cf dazu die positive Bezugnahme von ALBERT auf BARTLEY: ALBERT (1968) S. 109, Anm. 13 und S. 116, Anm. 32 und (1971) S. 37, Anm. 10

Frage, ob dieser anthropologische Gedankengang eine wirkliche Begründung abgeben kann oder ob es sich um eine unkontrollierbare Setzung handelt, wie BARTLEY das behauptet: "Tillich behauptet, alle Menschen hätten je ein letztes Anliegen, und eines Menschen Gott sei der Gegenstand und das Endziel seines letzten Anliegens. Mehrere Fragen erheben sich hier: Ist die Behauptung, alle Menschen hätten je ein letztes Anliegen, psychologisch-wissenschaftlich und damit etwa empirischer Widerlegung ausgesetzt? Wenn ja, dann befindet sich Tillichs System größtenteils immer schon unausgesprochen im Widerstreit mit der Wissenschaft."[1] In diesem Sinn hat auch ROWE an TILLICH kritisiert, daß dieser keine Verdoppelung der Wirklichkeit, i.e. eine Argumentation auf zwei Ebenen scheue, wenn die empirischen Daten seinen metaphysisch gewonnenen Ergebnissen nicht entsprechen: "What drives him (TILLICH) to maintain the extreme thesis that everyone has an ultimate concern is, I believe, not empirical data but a certain line of metaphysical reasoning to the effect that since every man is exposed to the ontological threat of nonbeing, every man is ultimately concerned about that reality which can overcome this ontological threat, namely, being-itself. And if the metaphysical reasoning leads to a conclusion that seems to conflict with the empirical data, then so much the worse for the data."[2]

Die zweite Argumentationskette, die durch die Begriffe 'Partizipation' - 'Repräsentation' - 'Sein-Selbst' - 'analogia entis' charakterisiert werden kann, stellt TILLICHs Versuch einer Reifizierung religiöser Symbole

1) BARTLEY (1962) S. 95f; cf dazu auch 2.132 die Kritik von BONHOEFFER und COX an TILLICHs religiöser Interpretation der Wirklichkeit

2) ROWE (1968) S. 149

dar. Ihre Sachentsprechung soll auch unabhängig vom symbolschaffenden Bewußtsein aufgewiesen werden. Dieser Argumentation gegenüber gilt dieselbe Kritik, wie sie eben an der anthropologischen Argumentation geübt wurde. TILLICH hinterfängt die erfahrbare Wirklichkeit durch spekulative Begriffe. Das ist deswegen problematisch, weil es prinzipiell keinen Sachverhalt geben kann, der diesen Begriffen widerspricht. Ihre Richtigkeit gilt immer, wie die Wirklichkeit auch aussehen mag. Damit aber wird der Informationsgehalt dieser Begriffe gleich null.

Zu diesen beiden Begründungsversuchen treten Bruchstücke tiefenpsychologischer Argumentationen. Die Begriffe 'kollektives Unbewußtes', 'Assoziation' und 'Archetyp' sind kennzeichnend dafür. Sie stellen einen Fortschritt über die anthropologisch-ontologischen Begründungen hinaus dar, treten aber zum Teil als Doppelungen neben die vorher erwähnten Argumentationsfäden. Der Begriff 'Assoziationen' erläutert die durch den Gedanken der 'Partizipation' vorgenommene Unterscheidung zwischen Symbol und Zeichen. Die Lehre von den 'Archetypen' tritt neben die von der 'analogia entis'. Das Verhältnis dieser beiden 'Sprachen' zueinander wird nicht geklärt, und es ist die Frage, ob TILLICH bei einer konsequenten Einbeziehung der psychologischen Begriffe bei der anthropologisch-ontologischen Begrifflichkeit hätte bleiben können. Auf dieses Problem komme ich in 2.234 zurück.

2. TILLICH hat je später desto intensiver darauf hingewiesen, daß Symbole integrierende und desintegrierende Wirkungen haben können. Zwar wertet er den funktionalen, d.h. den auf die Auswirkungen bezogenen, Aspekt der Betrachtungsweise von Religion und damit von religiösen Symbolen prinzipiell ab, mißt ihm aber de facto große Bedeutung bei, wenn er sehr eindringlich von der inte-

grierenden und desintegrierenden Kraft religiöser Symbole spricht. Er muß in der Konsequenz dieses Gedankens auch zugeben, daß religiöse Symbole so vermittelt werden müssen, daß sie integrierende, heilende Funktion haben.

Hier zeigt sich bei TILLICH eine Unschärfe im Gedankengang: Einerseits behauptet er, daß Symbole integrierende und desintegrierende Kraft haben und daß sie sich dadurch von Zeichen unterscheiden. Andererseits hält er nur die religiösen Symbole für lebendig, die "im Menschen Antwort, Handeln und Gemeinschaft"[1] bewirken, also offenbar nur die, die integrierende Kraft haben. Hier vermischt TILLICH eine Definition mit der Angabe von erwünschten Funktionen, anders ausgedrückt den analysierenden mit dem normativen Aspekt.

2.234 Probleme der Legitimation religiöser Symbole

Die Probleme, die bei TILLICHs Legitimationsversuchen entstehen, sollen in zwei Schritten deutlich gemacht werden, erstens an seiner Aufnahme und Veränderung der 'analogia entis' und zweitens an seinem Versuch, Theorien mit wissenschaftlichem Anspruch aufzunehmen und ontologisch zu hinterfangen.

1. TILLICHs geschichtlich reflektierte Ontologie, in der er Gott als Sein-Selbst, als Tiefe, Macht und Grund des Seins faßt, führt von der klassischen Analogie zwischen Gott als einem Seienden und Mensch und Welt als endlichen Seienden weg und setzt die Macht des Seins mit endlichem Seienden in Beziehung, also die Qualität des Seins mit vorfindlichen Lebensgestalten. An diesem Punkt hat Kritik eingesetzt:

1) Wesen und Wandel des Glaubens, S. 112

FORD hat ins Zentrum seiner Arbeit die Kritik an TILLICHs Sein-Selbst gestellt: "In many respects Tillich's writings may be regarded as a long polemic against the view that God is a being. We feel this is his fundamental error."[1]) Und in der seiner Arbeit vorangestellten kurzen Zusammenfassung schreibt er: "This dissertation is a critique of Tillich's basic contention that God is not a being ... there is nothing self-contradictory in the concept of an infinite being."[2])

Auch die katholische Kritik bezieht sich auf diese 'Neuinterpretation' der Analogielehre. Die katholischen Argumente hat ZABALA bündig zusammengefaßt: Er bestreitet, daß TILLICH sich mit Recht auf die Analogielehre des Thomas beruft und fährt fort: "although Dr. Tillich makes a serious effort to give an objective participation to his symbolism, these subjective elements, for example, ultimate concern, ... the need of an emotional encounter and the importance of the collective unconscious, all frustrate that effort. Another reason for disassociating Tillichian symbolism from Thomistic analogy is the central relativity involved in his religious symbolism. ... Both of these elements, subjectivity and relativism, are essential to Tillichian symbolism and are the fundamental source of his agnosticism and of his implicit denial of the divine transcendence."[3])

TILLICH gibt, wie die Kritik zeigt, so wesentliche Punkte der Analogielehre auf, daß es erstens terminologisch fraglich ist, ob er seine Analogielehre sinnvollerweise so bezeichnen kann.

---

1) FORD (1963) S. 248

2) ebda S. II

3) ZABALA (1959) S. 290f;
cf die vollständigere und ausführlichere Darstellung bei LANGER (1969) S. 149ff; cf auch REETZ (1971) S. 112ff Anmerkungen 122 und 123

Obwohl zweitens alle seine Revisionen auf die Ermöglichung einer nichtsymbolischen Reflexion religiöser Symbole, die die objektivierbare Erfahrung einschließt, zielen, dringt er nicht dazu durch, die religiösen Symbole vollständig wissenschaftlich diskutierbar zu machen.

2. Das zeigt sich deutlich an seinen Abgrenzungsversuchen von CASSIRER, von den sozialpsychologischen Theorien und von der Archetypenlehre JUNGs.

Gegen CASSIRER wendet TILLICH ein, daß dieser Zeichen und Symbole nicht auseinanderhält. Er selbst begründet seine Unterscheidung in der Auseinandersetzung mit CASSIRER dadurch, daß Symbole im Gegensatz zu 'bloßen Zeichen' an der Wirklichkeit, die sie repräsentieren, partizipieren. Stimmt man dem terminologischen Vorschlag TILLICHs, zwischen Symbol und Zeichen zu unterscheiden, zu - und das scheint im Blick auf die von TILLICH anderen Orts gegebenen Abgrenzungskriterien der 'Assoziationen' und der 'integrierenden und desintegrierenden Kraft' der Symbole, also im Blick auf wissenschaftlich greifbare Phänomene sinnvoll - bleibt die Frage, ob der Gedanke der Partizipation über diese vom Phänomen ausgehenden Abgrenzungen weitere Vorteile bringt. Er scheint nichts weiter als eine in einem anderen terminologischen Bezugssystem gefaßte Definition dieses phänomenologisch feststellbaren Unterschiedes zu sein.[1)]

---

1) so auch W. KAUFMANN (1958) S. 225: Er zitiert TILLICH (STH I, S. 277): "Besonders wichtig ist die Einsicht, daß Symbol und Zeichen grundsätzlich verschieden sind. Während das Zeichen nicht notwendig verbunden ist mit dem, worauf es hindeutet, partizipiert das Symbol an der Wirklichkeit dessen, für das es Symbol ist." KAUFMANN kommentiert diese Stelle: "Was Tillich hier eine 'Einsicht' nennt, ist nichts weiter als eine durchaus zulässige Definition. Aber ist sie fruchtbar? Schafft sie irgendeine Klärung?"
cf auch ROWE (1968) S. 124f

Die Bedeutung psychologischer und soziologischer Symboltheorien schränkt TILLICH dadurch ein, daß sie nur zur Erforschung der 'Symbolwahl', nicht jedoch der 'Symbolgenese' herangezogen werden können. Die Frage ist, wie weit diese Unterscheidung trägt. Sind nicht Symbolwahl und Symbolgenese so unmittelbar in den gesamten Sozialisationsprozeß des Menschen eingebettet, daß auch die Symbolgenese im Zusammenhang einer Analyse der gesamten Sozialisation gesehen werden muß und nicht künstlich in eine kritikfreie Zone anthropologischer Grundkategorien eingebettet werden kann, die wissenschaftlichem Zugriff angeblich nicht zugänglich ist. Muß man nicht gegen TILLICH VERGOTE zustimmen, wenn er folgendes behauptet: "Daß der Mensch mit einem spezifisch religiösen Bedürfnis geboren werde, ist zudem um so fragwürdiger, als er religiös werden soll und a-religiös bleiben oder von der Religion zum Atheismus übergehen kann, ohne deswegen seinen psychischen Apparat zu überfordern."[1] VERGOTE behauptet ferner: Die "Psychologie zeigt uns in einer gewissen Glückserfahrung und im Gefühl vollkommener Erneuerung die unabdingbaren Grundlagen religiöser Einstellung."[2]

Gegen JUNGs Auffassung von den Archetypen versucht TILLICH, diese ontologisch zu fundieren. Bei der Kritik dieses Versuches schließe ich mich der Beurteilung von

---

1) VERGOTE (1970) S. 124
cf dazu auch MITSCHERLICH (1963), der darauf hinweist, daß intensive Identifikationsvorgänge von frühen emotionalen Erfahrungen sehr stark beeinflußt werden. (S. 142) Es ist nicht anzunehmen, daß die mit religiösen Symbolen, Vorbildern etc. verbundenen Identifikationsvorgänge anders verlaufen.

2) VERGOTE (1970) S. 215
cf dazu auch ERIKSONs These, daß bereits in der oralen Phase durch das von ihm so genannte 'Urvertrauen' alle späteren Identifikationsprozesse beeinflußt werden. (ERIKSON 1950, bes. S. 241ff)

ROWE an. Er hält die ontologische Verankerung religiöser Symbole für eine Extrapolation der Erfahrung von religiösen Symbolen, die nicht durch das Phänomen der religiösen Symbole gedeckt werden kann: "The ontological approach ... is to be viewed as one of several possible explanations of the phenomenologically established facts of religious experience."[1)]

Die Problematik der TILLICHschen Begründungsversuche religiöser Symbole kann so zusammengefaßt werden: TILLICH gibt auf der einen Seite die klassische Analogielehre auf, begibt sich aber andererseits nicht in den Bereich einer wissenschaftlich kontrollierbaren Theorie. Damit gibt er die Vorteile der beiden von ihm verworfenen Theorien auf und nimmt die Nachteile beider in Kauf:

Die Analogielehre hat den Vorteil einer objektiven Verankerung der religiösen Symbole in der Realität, was in TILLICHs Worten "eine ungeheure Entlastung des religiösen Bewußtseins bedeuten würde".[2)] Sie hat aber den Nachteil, daß sie nur auf der Basis des Glaubens akzeptiert werden kann.

Die Symboltheorien mit wissenschaftlichem Anspruch haben den Vorteil, daß sie nicht die zu erklärende Sache zur Voraussetzung ihrer Erklärung machen, sondern überprüfbare Definitionen und kritisierbare Aussagen enthalten. Sie haben von TILLICH aus gesehen den Nachteil, daß sie die Sachbezogenheit religiöser Symbole nicht legitimieren können.

TILLICHs Definition und ihre theoretische Begründung legitimieren weder unter der Voraussetzung des Glaubens die religiösen Symbole noch geben sie die Basis einer wissenschaftlichen Erforschung religiöser Symbole ab.

---

1) ROWE (1968) S. 170
2) WW V, S. 212

Die Prüfung des TILLICHschen Symbolbegriffs ergibt insgesamt, daß einige Intentionen TILLICHs als Ansätze zu Antworten auf die dritte Leitfrage aufgefaßt werden können. In der Durchführung bei TILLICH sind allerdings Implikationen enthalten, die eliminiert werden müssen, wenn die Theologie sich mit dem Symbolproblem in der Absicht befaßt, handlungsorientierendes theologisches Wissen zu erstellen.

Damit verändert sich jetzt die Zielrichtung der Auseinandersetzung mit TILLICHs Ansatz: Ging es bisher um eine - wenn auch problemorientierte - Rekonstruktion der Intentionen, Absichten und Aussagen des Autors, also um eine kritische Interpretation, so muß nun im Blick auf die dritte Leitfrage folgendermaßen gefragt werden:

1. Können TILLICHs Symbolbegriff bzw. die damit verbundenen theoretischen Aussagen so umformuliert werden, daß sie keine spezifisch theologische Begründung aufweisen und dennoch die Eigenart religiöser Symbole gegenüber anderen Symbolen nicht nivellieren? (cf 3.21)

2. Kann die erwünschte Funktion religiöser Symbole theologisch motiviert und in anthropologischen, wissenschaftlich kontrollierbaren Begriffen ausgedrückt werden? (cf 3.22)

Die Form der Argumentation beschränkt sich daher nicht mehr auf den interpretatorischen Nachvollzug, sondern nimmt (cf 3.21) die Form einer Explikation an. Das Verfahren der Explikation stammt aus dem logischen Positivismus und wird dort als Methode der Präzision von Begriffen verwandt. Da umgangssprachliche und auch wissenschaftliche Begriffe oft nicht präzis genug definiert sind, kommt es bei der Aufstellung wissenschaftlicher Sprachsysteme häufig vor, "daß ein neuer, exakt definierter Begriff eingeführt wird, der an die Stelle eines schon üblichen, aber nicht hinreichend exakten Begriffes tritt. Wir nennen dann den neuen Begriff ein Explikat für den alten und seine Einführung eine Explikation. (Der zu explizierende alte Begriff wird zuweilen das Explikandum genannt.)"[1] Da die Explikation ein Mittel zur Definition von Begriffen ist, kann für sie nicht das Urteil wahr oder falsch gelten. Sie kann nur als "befriedigend"[2] oder "adäquat"[3] bezeichnet werden.

Voraussetzung für den eigentlichen Vorgang der Explikation ist die möglichst weitgehende Klärung des Explikandums. Denn nur aufgrund dieser Klärung kann die Frage sinnvoll erörtert werden, "ob zwischen Explikandum und Explikat ... eine Ähnlichkeit besteht, und nur diese Ähnlichkeit läßt es als gerechtfertigt erscheinen, von einer Explikation dieses Explikandums zu sprechen".[4] Für das Verfahren der Explikation selbst werden einige Kriterien der Angemessenheit angegeben. Die beiden wichtigsten sind die theoretische Fruchtbarkeit und die Exaktheit des Explikats.[5]

Die Explikation setzt also die Interpretation voraus, d.h. sie setzt den Versuch voraus, Intentionen, Absichten und Aussagen eines Autors zu rekonstruieren bzw. Begriffe in ihren geläufigen Verwendungen zu analysie-

---

1) CARNAP (1960) S. 2

2) STEGMÜLLER (1952) S. 344

3) OPP (1968) S. 21

4) STEGMÜLLER (1952) S. 345

5) cf dazu ebda S. 345ff; die beiden anderen Kriterien sind die Forderung nach Ähnlichkeit zwischen Explikat und Explikandum und das Postulat der Einfachheit. Die vier Kriterien standen ursprünglich im Zusammenhang naturwissenschaftlicher Begriffsbildung, sind aber auch zur Präzisierung sozialwissenschaftlicher Theorien verwandt worden. (cf z.B. OPP 1968, S. 21ff, der versucht hat, die Theorien abweichenden sozialen Verhaltens mit Hilfe der Explikation zu präzisieren.)

ren. Die Explikation ist aber nach dieser Klärung nicht mehr von der korrekten Wiedergabe bzw. Weiterverwendung des interpretierten Materials abhängig, sondern zielt auf einen möglichst großen theoretischen Gewinn.

3. Konsequenzen für die theologische Arbeit

3.1 Theologie als Wissenschaft

Theologie wird gegenwärtig als Wissenschaft bezeichnet, obwohl völlig ungeklärt ist, was der Wissenschaftsbegriff meint, wenn er auf die Theologie bezogen wird. Die Theologie befindet sich hier in einer ungeklärten Situation voller Neuansätze.[1)] Hier sind viele Fragen offen, die für eine langfristige Projektierung theologischer Forschung entschieden werden müssen. Für eine mittelfristige Forschungsstrategie scheint es mir allerdings unumgänglich zu sein, einige Erfahrungen mit Forschungs<u>methoden</u> zu sammeln, die empirisch-analytisch orientiert sind. In diesem Sinne - aber ohne den Absolutheitsanspruch einer wissenschaftstheoretischen Festlegung - sind die folgenden Ausführungen zu verstehen.

3.11 Die Integrationsfunktion der Theologie

Wenn die Theologie als Wissenschaft die Kirche als zugeordneten Praxisbereich verantwortlich beeinflussen will, muß sie die Ergebnisse der Humanwissenschaften, die die Konstitution, das Erleben, Verhalten und Zusammenleben der Menschen betreffen, in ihre wissenschaftliche Reflexion integrieren.

Versucht sie, die wissenschaftlichen Ergebnisse so aufzunehmen, daß sie handlungsorientierend wirken können,

---

1) cf dazu z.B. die Ansätze von PÄSCHKE (1971), der im Anschluß an die Frankfurter Schule, besonders an HABERMAS, "Praktische Theologie als kritische Handlungswissenschaft" zu betreiben versucht, und SIEMERS (1970), der im Anschluß an POPPER und ALBERT "Theologie als kritisch-rationale Wissenschaft" betreiben will.

steht sie indessen vor der Schwierigkeit, daß die Ergebnisse verschiedener Wissenschaften, besonders der der Soziologie und Psychologie,[1)] rezipiert werden müssen.

Die Schwierigkeiten der Integration verstärken sich zudem durch die Tatsache, daß auch die von einer Wissenschaft gewonnenen Ergebnisse nicht alle unter gleichen methodischen Postulaten erarbeitet worden sind. Als Beispiel dafür kann die verschiedenartige Methodik der behavioristischen Psychologie auf der einen und der Psychoanalyse auf der anderen Seite gelten.[2)]

Die Erreichung des Ziels, alle handlungsrelevanten Informationen über menschliches Verhalten gleichzeitig zu berücksichtigen, kann auf der Grundlage folgender These, die vom analytischen Wissenschaftsbegriff ausgeht, angestrebt werden: Man kann "die theoretischen Wissenschaften vom menschlichen Verhalten als ein System von Aussagen ansehen ..., in dem weniger allgemeine Aussagen aus allgemeineren Aussagen sowie normalerweise einigen zusätzlichen Annahmen über gegebene Bedingungen logisch deduziert werden können."[3)] Gegenüber dieser beispielhaft herangezogenen Zielformulierung müssen im Hinblick auf die gegenwärtige Forschungslage Vorbehalte angemeldet werden, wenn sie als Ziel für eine praxisrelevante Integrationsfunktion der Theologie dienen soll.

Erstens ist eine solche Formulierung nicht primär auf eine Handlungsorientierung ausgerichtet, da ein System von Aussagen Handlungen in ihrer Durchführung beeinflussen, aber nicht in ihrer Zielsetzung bestimmen kann. Hier stellt sich die Frage, ob der Dualismus von Wertentscheidung und wissenschaftlicher Analyse in der hier

---

1) Interessant scheint mir hier der Versuch von OPP (1970), der auf der Basis eines kybernetischen Modells Psychologie als Mikrotheorie und Soziologie als Makrotheorie miteinander verbinden will.

2) cf z.B. SKINNERs Kritik an FREUD (SKINNER 1954, S. 454ff)

3) MALEWSKI (1964) S. 368

zugrundeliegenden Schärfe gemildert werden kann. Gerade eine Theorie sozialer Symbole könnte hier eine wichtige Funktion erfüllen, wie noch gezeigt werden soll.

Zweitens ist die Theologie gegenwärtig zu einer einheitlichen Stellungnahme über den Wissenschaftsbegriff nicht in der Lage. Bei einer zentralen Zuwendung zu diesem Problem bestünde die Gefahr, daß eine intensive wissenschaftstheoretische Reflexion zu einem Alibi für die Theologie wird, ihre theoretische Isolation von ihrem Praxisfeld fortzusetzen. Da es im Hinblick auf die faktisch ausgeübte Wirkung der Theologie nicht darauf ankommt, das zu erforschen, was prinzipiell möglich und auch sinnvoll ist, müßte die Theologie wissenschaftstheoretische Reflexionen als begleitende Reflexion eines durch die intensive Integration humanwissenschaftlicher Erkenntnisse eingeleiteten Lernprozesses betrachten und sie nicht ausschließlich als Bedingung für die Eröffnung eines solchen Lernprozesses ansehen.

Aus dieser Spannung zwischen wissenschaftstheoretischem Ideal auf der einen und systematischen und situationsbedingten Einschränkungen auf der anderen Seite ergeben sich folgende Aufgaben für die Theologie:

Theologie muß im Zusammenhang der Eröffnung einer konsequenten Aufarbeitung humanwissenschaftlicher Forschung in die Diskussion um den Wissenschaftsbegriff und damit um die Bedingungen der Möglichkeit von wissenschaftlichen Aussagen eintreten.

Es müssen ferner die Voraussetzungen des Forschungsprozesses, dessen Ergebnisse man integrieren will, und die Exaktheit seiner Durchführung kritisch analysiert werden.

Die Theologie muß drittens versuchen, die für ihr Praxisfeld wichtigen Ergebnisse durch Umformulierung und ge-

gebenenfalls Präzisierung kommensurabel zu machen.

Viertens muß durch eigene oder jedenfalls speziell für den kirchlichen Bereich angestellte Untersuchungen der hier relevanten Randbedingungen die Anwendung allgemeiner Theorien auf den speziellen Zusammenhang angestrebt werden.

Schließlich ist die Frage zu prüfen, ob Ergebnisse, die nicht auf der Basis eines analytischen Wissenschaftsbegriffs gewonnen wurden, als handlungsrelevante Informationen angesehen werden sollen, eine Frage, die in engem Zusammenhang mit der nach dem Wissenschaftsbegriff steht, die aber angesichts der Gestaltungsnotwendigkeit von Praxis besonders dringend ist. Denn hier steht die Theologie vor dem Dilemma, entweder durch eine der Forschungssituation entgegenkommende Offenheit des Wissenschaftsbegriffs auch unzuverlässige Informationen aufzunehmen oder durch eine der Forschungssituation nicht entsprechende Einengung des Wissenschaftsbegriffs viele wichtige Informationen vorschnell zu vernachlässigen.

3.12 Die empirische Funktion der Theologie

Wenn die Theologie der zunehmenden Zersplitterung in Einzeldisziplinen und Einzelergebnisse ihrer eigenen Forschung entgegenwirken will, stellen sich zwei Aufgaben: Sie muß erstens Fragen, die in der Forschung geklärt werden sollen, in ihrer Bedeutsamkeit einsichtig machen, und das kann nur im Hinblick auf den näheren oder weiteren Bezug geschehen, den sie zur kirchlichen Praxis haben. Zweitens müssen diese Fragestellungen durch alle Disziplinen der Theologie verfolgt werden können. Die Frage nach der Ableitung und Begründbarkeit von Forschungsfragen hängt ab von Wertsetzungen und Zielvorstellungen. Darauf komme ich in 3.22 zurück.

Die Forderung, daß Forschungsfragen durch alle theologischen Disziplinen verfolgt und dem jeweiligen Sachgebiet angepaßt in differenzierten Analysen verfolgt werden sollen, ist unter dem Postulat der Praxisrelevanz nur dann erfolgversprechend, wenn die Methodologie dieser Forschungen zu kommensurablen Ergebnissen führt; denn nur so kann vergangene Erfahrung in gegenwärtige Gestaltung eingebracht werden.

Läßt man die Frage nach der systematisch-theologischen Interpretation religiöser Symbole hier noch außer acht und setzt in der Konsequenz der in 3.11 gegebenen Idealvorstellung voraus, daß empirische Verfahren zur Analyse der Gegenwartsprobleme die angemessenen Mittel sind, so entsteht das Problem, ob und wie die vergangenheitsbezogene Forschung methodisch strukturiert werden könnte, um ihre Ergebnisse mit den Mitteln der gegenwartsbezogenen Wissenschaften darstellen und so auf diese Theorien rückbeziehen zu können.

Ansätze und Möglichkeiten zur Überwindung der Barriere zwischen gegenwarts- und vergangenheitsbezogener Forschung liegen m.E. in der sogenannten "Aussagenanalyse" oder "Inhaltsanalyse".[1] Sie ist seit Anfang dieses Jahrhunderts im Bereich der Publizistik bekannt, wurde in den 20er Jahren von der Soziologie übernommen und ist nach dem zweiten Weltkrieg in den allgemein anerkannten Kanon der Methoden empirischer Sozialforschung aufgenommen worden. Die Aussagenanalyse versteht sich als eine Erneuerung verstehender und interpretierender Hermeneutik.[2] Es wird mit ihrer Hilfe versucht, Texte so zu

---

1) Zur Problematik der Unterscheidung beider Begriffe cf WERSIG (1968) S. 11f und BESSLER (1970) S. 29ff

2) cf ATTESLANDER (1969) S. 62f. ATTESLANDER hebt drei Schwächen der "klassischen" Dokumentenanalyse hervor, deren "typisches Merkmal ... die intensive, persönliche Auseinandersetzung mit dem Dokument" (S. 62) ist:

analysieren, daß das Ergebnis von der Subjektivität des Forschers prinzipiell unabhängig ist oder als mögliche Fehlerquelle berechnet werden kann. "Aussagenanalysen sind damit den anderen Meßinstrumenten, die in der empirischen Sozialforschung bei Hypothesenprüfungen verwendet werden, wie z.B. Befragungen, Interviews, projektive Tests, Beobachtung usw., gleichgestellt".[1] Der Forschungsbereich der Aussagenanalyse liegt vor allem in der Analyse der Aussagen, die durch Massenkommunikationsmittel verbreitet werden. Methodisch ist eine Anwendung auf kirchliche Kommunikationsstrukturen möglich, denn die Eingrenzung des bisherigen Forschungsbereichs "schließt nicht aus, daß sich diese Techniken (die der Aussagenanalyse) auch für die Analyse von entsprechenden Botschaften eignen, die ohne Zwischenschaltung von Massenmedien unter Menschen ausgetauscht werden."[2] Diese Ausweitung ermöglicht es, daß auch die von den biblischen Exegeten und Kirchenhistorikern untersuchten Texte mit Hilfe dieser Technik analysiert werden können. Hier sind

---

"1. die Bedeutung, welche ein bestimmtes Dokument erlangt, hängt ausschließlich von dessen Beurteilung durch den einzelnen Forscher, also von seinen wissenschaftlichen Qualitäten ab;
2. intersubjektive Überprüfbarkeit wird durch den streng persönlichen Charakter der Beurteilung der Dokumente sehr erschwert, wenn nicht gar verunmöglicht;
3. Arbeitsteilung oder gar Verwendung moderner Hilfsmittel (Computer) sind faktisch ausgeschlossen." (S. 63)

Diese Schwierigkeiten sollen mit der Aussagenanalyse vermieden werden. ATTESLANDER bezieht seine Äußerungen auf die Analyse von Dokumenten, meint aber dieselben Verfahren, die unter dem Wort Aussagenanalyse zusammengefaßt werden. Er stellt fest, daß es bei der Dokumentenanalyse nicht so sehr darum geht, durch neue Verfahren die klassische Methode zu ersetzen, sondern sie zu ergänzen. (ebda)

1) BESSLER (1970) S. 23

2) ebda S. 14

von den von ATTESLANDER genannten Möglichkeiten besonders drei von unmittelbarer Wichtigkeit: die "Erforschung der Trends von Kommunikations-Inhalten"[1], die "Feststellung stilistischer Profile"[2] und die "Erforschung der in einer bestimmten Epoche vorherrschenden Attitüden, Interessen, Werte."[3]

Ich möchte die Methode der Aussagenanalyse kurz darstellen, wobei ich ohne Berücksichtigung von Differenzierungen zwischen verschiedenen Formen der Aussagenanalyse[4] den Ablauf einer Untersuchung, die dieses Verfahren anwendet, schildere.[5]

<u>Erster Schritt:</u> Als <u>Ausgangspunkt</u> für ein Forschungsvorhaben wird ein <u>Problem als Untersuchungsgegenstand</u> for-

---

1) ATTESLANDER (1969) S. 65

2) ebda S. 66

3) ebda

4) Eine ausführliche Darstellung und Beurteilung würde den Rahmen dieser Arbeit sprengen. Die von WERSIG (1968) erstellte Bibliographie ist bereits über 90 Seiten lang. (S. 43ff)

5) cf WERSIG (1968), der S. 27ff "Anmerkungen zu einem Rahmenplan für das Vorgehen" macht und S. 35ff die methodischen Schritte an einem Beispiel erläutert.

cf auch die Darstellung der einzelnen Schritte des Vorgehens bei empirischen Untersuchungen überhaupt bei ATTESLANDER (1969) S. 15ff.
Meine Darstellung schließt an die Ausführungen dieser beiden Autoren an. ATTESLANDER bezieht sich explizit (S. 9) auf POPPER. Ich glaube aber nicht, daß die Darstellung der einzelnen Schritte bereits eine eindeutige wissenschaftstheoretische Festlegung auf einen Wissenschaftsbegriff bedeutet, da auch von Hypothesen der 'kritischen Theorie' ausgehend ähnliche Untersuchungen mit gleicher Schrittfolge gemacht worden sind. Differenzen, die sich etwa auf die unterschiedliche Beurteilung der Möglichkeit der logischen Präzisierung von Theorien oder auf die Problematik abschlußhafter und damit ungeschichtlicher Definitionen beziehen, sollen hier nicht in Betracht gezogen werden.

muliert. Dabei ist für die Methodik der Untersuchung völlig gleichgültig, ob irgendwelche speziellen Interessen mit dieser Untersuchung verbunden sind oder nicht.

Ich versuche, ein Beispiel zu konstruieren, bei dem die Möglichkeit gleichartiger Methodik für die Behandlung von sehr alten bis zu ganz jungen Dokumenten relativ leicht einsehbar ist: Von Gegnern und Kritikern der Kirche innerhalb und außerhalb der verfaßten Kirche wird folgende Meinung vertreten: Die Kirche nimmt zu politischen Fragen in der Regel uneindeutig Stellung. Es soll erstens geprüft werden, ob diese Behauptung stimmt. Es soll zweitens untersucht werden, womit der Grad der Eindeutigkeit politischer Stellungnahmen der Kirche zusammenhängt.

Zweiter Schritt: In einer theoretischen Phase wird die für das Forschungsproblem relevante Literatur ausgewertet, werden die Forschungsfragen präzise formuliert und Hypothesen gebildet, die durch empirische Prüfung falsifiziert oder vorläufig bestätigt werden können. In die Formulierung von Hypothesen gehen Vermutungen über die Zusammenhänge zwischen Variablen ein.

Als Beispiel formuliere ich eine Hypothese, die sich auf die Frage bezieht, womit der Grad der Eindeutigkeit politischer Stellungnahmen der Kirche zusammenhängt: Je weniger Umfang politische Meinungsäußerungen haben, desto stärker sind Vorstellungen über die kategoriale Verschiedenheit von dieser Welt und Reich Gottes. Die unabhängige Variable ist hier der Umfang politischer Meinungsäußerungen, die abhängige Variable der Grad des Vorkommens von Vorstellungen über die kategoriale Verschiedenheit von dieser Welt und Reich Gottes.[1]

---

1) Wollte man die Methode der Inhaltsanalyse nur für eine Variable anwenden und könnte man andere Faktoren als bekannt voraussetzen, könnte man z.B. eine

<u>Dritter Schritt:</u> Die Variablen werden <u>operationalisiert</u>. Es werden Indikatoren gebildet, die die Variable empirisch auffindbar machen, und es werden Kategorien festgelegt, durch die die Variablen in ihren unterschiedlichen Variationen exakt erfaßt werden können. Dabei können sich die Kategorien sowohl auf quantitative als auch qualitative Merkmale der Variablen beziehen. Als quantitative Merkmale können etwa Häufigkeit, Länge und gleichmäßige Verteilung dienen. Qualitative Merkmale können auch erfaßt werden, wobei dann der Versuch gemacht wird, sie zu quantifizieren. Für die abhängige Variable Grad des Vorkommens von Vorstellungen über die kategoriale Verschiedenheit von dieser Welt und Reich Gottes müssen sowohl qualitative als auch quantitative Merkmale als Indikatoren entwickelt werden.

In der Phase der Operationalisierung müssen zwei Forderungen empirischer Forschung berücksichtigt werden, die bei einer Analyse historisch-theologischer Texte große Schwierigkeiten bereiten werden, aber nicht prinzipiell unerfüllbar sind. Es sind die Forderungen nach Validität und Reliabilität. Das Kriterium der Validität beinhaltet die Forderung, daß die Indikatoren und Kategorien so operationalisiert werden, daß sie tatsächlich die in der Hypothese enthaltenen Variablen messen. Das Kriterium der Reliabilität beinhaltet die Forderung, daß Messungen und Zählungen von subjektiven Einflüssen unabhängig sind. "Verschiedene Auswerter sollen zu gleichen Ergebnissen kommen, der gleiche Auswerter soll zu

---

Hypothese etwa folgender Art aufstellen: Je größer der informelle und formelle Spielraum für eine Kirche innerhalb eines Staates ist, desto geringer sind die politischen Meinungsäußerungen in kirchlichen Veröffentlichungen. Die unabhängige Variable informeller und formeller Spielraum wäre also durch rechtsgeschichtliche und sozialgeschichtliche Analysen zu untersuchen, die abhängige Variable könnte durch eine Inhaltsanalyse erfaßt werden.

verschiedenen Zeiten zu gleichen Ergebnissen kommen".[1)]

Die folgenden Schritte entsprechen dem Ablauf bei jeder empirischen Analyse und sollen deswegen hier nur noch genannt werden. Der vierte Schritt beinhaltet die Auswahl und Abgrenzung des in den Untersuchungsbereich fallenden Materials, der fünfte die Festlegung, welche Dokumente davon als repräsentative Stichprobe analysiert werden sollen (Sampling), der sechste einen Vortest zur Validierung des in der Operationalisierungsphase gewonnenen empirischen Instruments, der siebte die Durchführung der Analyse, der achte die Erstellung eines Tabellenbandes und der neunte die Darstellung und Interpretation der Ergebnisse.

Es ist möglich, diese Untersuchungstechnik als Zielvorstellung für jede Textforschung zu fordern. Wiederum ergeben sich wie bei der Frage nach einem für die Theologie verbindlichen einheitlichen Wissenschaftsbegriff systematische und pragmatische Abstriche an dieser Maximalforderung. Systematisch bleibt es die Aufgabe herkömmlicher Hermeneutik, Fragestellungen und Hypothesen zu entwickeln, ohne die eine methodisch strenge Analyse gar nicht denkbar ist. Sie behält also eine heuristische Funktion. Pragmatisch besteht erstens die Schwierigkeit, daß nicht für alle Fragestellungen genügend vergleichbares Material vorliegt, das eine gründliche Analyse ermöglicht, und daß zweitens nicht an allen Stellen der Aufwand einer solchen Untersuchung zu der Relevanz ihrer möglichen Ergebnisse in einem ausgewogenen Verhältnis steht.

Zu dem möglichen Gewinn, den die Aussagenanalyse in dem Bereich der auf geschichtliche Texte bezogenen Hermeneutik bringt, kommt ein möglicher Gewinn im Bereich der

1) WERSIG (1968) S. 28

Symboltheorie: BESSLER ist in seinem Buch 'Aussagenanalyse' der Frage nachgegangen, ob es unter Zuhilfenahme flankierender anderer wissenschaftlicher Verfahren mit Hilfe der Aussagenanalyse gelingen könnte, von der Aussagenstruktur von Texten auf die Einstellungsstruktur der Verfasser zu schließen. Unter dieser Leitfrage untersucht er die einzelnen Verfahren der Aussagenanalyse[1] und kommt zu einem positiven Ergebnis.

Könnte man mit Hilfe anderer empirischer Verfahren zuverlässige Ergebnisse über den Zusammenhang zwischen Einstellungen und Verhalten oder Verhaltensbereitschaften gewinnen, so hätte man einen durchgehenden Zusammenhang von in Texten vorliegenden Aussagen bis zum Verhalten. Das würde bedeuten, daß aufgrund von Aussagen auf Verhalten und umgekehrt von Verhalten auf Aussagen geschlossen werden könnte. Zieht man in Betracht, daß Symbole ein wesentlicher Bestandteil von Aussagen sind, erkennt man, daß hier ein möglicher theoretischer, empirisch überprüfbarer Zusammenhang für die Analyse der Symbole gegeben ist, der die Verhaltensdimensionen einschließt. Es zeigt sich dann freilich, daß Symbolanalysen sinnvoll nur im Zusammenhang mit generellen Sprachanalysen durchgeführt werden können.

Als Zentralbegriff für die Entwicklung eines theoretischen Bezugsrahmens könnte der Motivationsbegriff dienen. Auf das Symbolproblem bezogen hieße das: Symbole sind handlungsrelevante Motivationsvariable, wobei unter Motivation alle diejenigen Einflüsse, Antriebe etc. verstanden werden sollen, die menschliches Verhalten in Intensität oder Richtung beeinflussen.[2]

---

1) "Contingency Analysis" (S. 78ff), "Symbol Analysis" (S. 84ff), "Evaluative Assertion Analysis" (S. 89ff) und "General Inquirer Program" (S. 99ff)

2) cf LINDWORSKY (1921) S. 37ff
und BROWN (1961) S. 52ff.
Dagegen aber KELLY (1958) S. 498ff

Der vom Motivationsbegriff ausgehende theoretische Bezugsrahmen läßt jedoch zwei Fragen offen:

1. Wie können Symbole gegen andere Motivationsvariable abgegrenzt werden, mit anderen Worten, wie können sie definiert werden?

2. Wie kann die Entstehung, Entwicklung und Geltung von Symbolen über die Tatsache hinaus, daß sie im Leben der Einzelperson eine Rolle spielen, erklärt werden, mit anderen Worten, wie könnten Grundzüge eines theoretischen Bezugsrahmens für das Phänomen 'soziales Symbol' aussehen?

3.2 Theologie als symbolbezogene Wissenschaft

3.21 Theorie des sozialen Symbols und religiöses Symbol

Ich nenne noch einmal die grundlegenden Merkmale, die TILLICH für alle Symbole angibt, wobei ich das dritte ein wenig verändere:

Symbole haben den Charakter der Uneigentlichkeit, d.h. daß sie nicht als gegenständlich wahr oder falsch erwiesen werden können.

Sie drücken das Gemeinte in anschaulichen Begriffen oder Bildern aus.

Sie sind selbstmächtig in dem Sinn, daß sie für den Empfänger, für den sie Symbolqualität haben, eine bedeutsame Information beinhalten.

Sie müssen von einer Gruppe anerkannt sein. Dieses Merkmal weist, wie in 2.232 gezeigt worden war, darauf hin, daß TILLICHs Klärungsversuch des Symbolbegriffs in den Bereich der Theorie des sozialen Symbols fällt.

Faßt man diese Merkmale in Form einer Explikation zusammen, so kann man vorläufig folgendermaßen definieren: Ein soziales Symbol vermittelt einer Gruppe (Merkmal der Anerkanntheit) eine bedeutsame (Merkmal der Selbstmächtigkeit) und interpretationsbedürftige (Merkmal der Uneigentlichkeit) Information in Bildern und Begriffen (Merkmal der Anschaulichkeit).

Bei dieser Definition habe ich die philosophisch-theologischen Implikationen, die bei TILLICH dem Merkmal der Selbstmächtigkeit zugrundeliegen, dadurch ersetzt, daß die Selbstmächtigkeit als Qualität der Erfahrung von Symbolen gefaßt und damit im Prinzip überprüfbar gemacht wird. Die Brauchbarkeit dieser Definition kann erst dadurch gezeigt werden, daß sie sich sinnvoll in einen theoretischen Bezugsrahmen einfügen läßt.

HELLE hat im Rahmen seines Versuches, den Begriff 'soziales Symbol' als Grundbegriff in die etablierte soziologische Theorie einzubringen, die Theorie des 'sozialen Handelns' als Bezugsrahmen für das Symbolproblem vorgeschlagen. Ich folge seinem Gedankengang ein Stück weit, um zu sehen, ob hier ein theoretisches Bezugssystem vorliegt, das auch für eine theologische Reflexion religiöser Symbole fruchtbar gemacht werden kann. HELLE geht vom Begriff des Handelns im Sinne M. WEBERs aus. Handeln bezeichnet menschliches Verhalten, wenn das Subjekt des Verhaltens einen 'subjektiven Sinn' damit verbindet.[1)]"Im Zeitablauf hat alles Handeln die Tendenz, seine eigene Objektivation zu bewirken und so kommunizierbare Effekte zu produzieren. In seiner Objektivation wird ein abgeschlossener Handlungsvollzug manifest, zugleich nehmen aber auch zukünftige Handlungen von eben dieser Objektivation ihren Ausgang. So sind die Objektivationen

1) HELLE (1969) S. 13

sowohl Manifestationen vergangenen als auch Potentiale zukünftigen Handelns."[1] Eine Form solcher Objektivationen sind die Symbole. Bei ihnen tritt der zukunftsorientierte Aspekt stark hervor. Von ihnen gehen also in besonderem Maße Handlungen aus.

Was bisher gesagt wurde, soll zur Verdeutlichung noch einmal zusammengefaßt und an einem Beispiel gezeigt werden: Faßt man soziale Symbole als Objektivationen von Handlungen, die in anschaulichen Bildern und Begriffen ausgedrückte interpretationsbedürftige und bedeutsame Informationen vermitteln und die Ausgangspunkt für neue Handlungen und Orientierungen sind, so bedeutet das zum Beispiel: Leben und Handeln Jesu führen zur Objektivation christologischer Symbole. Von diesen christologischen Symbolen werden Handlungen und Orientierungen innerhalb der Kirche bestimmt.

Obwohl das Beispiel bereits auf den Bereich des religiösen Symbols vorgreift, ist die Frage noch ungeklärt, ob im Rahmen dieser Definition der sozialen Symbole die religiösen Symbole durch die Angabe eines oder mehrerer spezieller Kriterien von anderen sozialen Symbolen abgegrenzt werden können oder ob ihre Definition <u>neben</u> eine Definition der sozialen Symbole gestellt werden muß. Ich sehe keine zwingenden Gründe, die den ersten Weg verbieten. Um diesen Weg zu verdeutlichen, möchte ich versuchsweise ein Kriterium vorschlagen.

Von TILLICH ausgehend kann man sagen, daß die religiösen Symbole 'unfundiert'[2] sind, daß sie sich auf die tiefste Dimension des Seins beziehen. Dem in der Regel zugrundeliegenden Selbstverständnis religiöser Symbole entsprechend kann man sagen, daß sie sich auf eine transzendente Realität beziehen. Solche Symbole sollen also

---

1) ebda
2) WW V, S. 198

als religiöse Symbole angesprochen werden, die die allgemeinen Kennzeichen sozialer Symbole haben und von denen die Empfänger behaupten, daß sie sich auf die Transzendenz beziehen. Angesichts der Vieldeutigkeit des Begriffs Transzendenz scheint damit noch nicht viel gesagt zu sein. Eine Konsequenz aus diesen speziellen Kriterien religiöser Symbole im Bereich der Sozialethik soll jedoch angedeutet werden.

Der Bezug des sozialen Symbols 'Reich der Freiheit' als ein Teil des religiösen Symbols 'Reich Gottes' bewirkt, daß die deutende und handelnde Interpretation dieses Symbols prinzipiell unabschließbar ist, da die Transzendenz niemals vollständig begrifflich reflektiert eingeholt werden kann. Die Folge ist, daß es eine geschichtsbezogene Verhärtung und eine überzeitlich gültige Fixierung utopischer Zielgehalte nicht geben kann. TILLICH hat eben dies, ohne es methodisch auf die Symboltheorie zurückzubeziehen, in seiner Darstellung des Symbols 'Reich Gottes' deutlich gemacht. Er behauptet, daß das 'Reich Gottes' im Gegensatz zu der Zielvorstellung des Marxismus nicht auf eine innergeschichtliche sondern auf eine übergeschichtliche Erfüllung bezogen ist.[1] Zwar hat dieses Symbol für TILLICH revolutionären Charakter;[2] es darf aber "nicht ausgemalt werden, weil kein gegenständlicher Begriff eine sinnvolle Aussage über ... (es) ergeben kann."[3] Es muß immer wieder neu interpretiert und neu in Handlungen umgesetzt werden und führt durch seinen Bezug auf die Transzendenz weder zur Resignation im Hinblick auf die Möglichkeit der Veränderung noch

1) cf WW III, S. 208

2) cf WW V, S. 86

3) WW VI, S. 209; cf zu diesem Gedankengang auch STH III, S. 356, WW III, S. 126 und WW VI, S. 134

zum Überspringen der Möglichkeiten der je gegebenen Situation im Hinblick auf fixierte utopistische Zielgehalte.

Für den protestantischen Bereich kann eine Besonderheit seiner religiösen Symbole in dem spezifisch hermeneutischen Zusammenhang gesehen werden, in dem die Symbole interpretiert werden. Wenn das Prinzip 'sola scriptura' - in wie verfeinerter Form auch immer - gilt, bedeutet das, daß sich die Symbolinterpretation ganz wesentlich auf die Analyse der Handlungszusammenhänge beziehen muß, die in Symbolen Objektivationen geworden sind. Von daher ergibt sich nun auch die Möglichkeit theologisch wissenschaftlicher Symbolkritik, wobei sich das nicht auf den Bestand der Symbole als solcher bezieht, sondern auf die mit den Symbolen verbundenen Assoziationen und die dabei geprägten Verhaltensbereitschaften und Handlungen. Das Prinzip 'sola scriptura' zwingt unter den hier getroffenen theoretischen Voraussetzungen dazu, gegenwärtige unter Berufung auf religiöse Symbole vollzogene Handlungen an der geschichtlich lebendigen Erfahrung, die diesen Symbolen zugrundeliegt, zu messen.

Um dem möglichen Vorwurf zu begegnen, daß hier unter Rückgriff auf das Prinzip 'sola scriptura' ein Strukturbiblizismus proklamiert wird, möchte ich betonen, daß diese Form des Rekurses auf geschichtlich lebendige Erfahrung und die theologische Kritik an einer nicht an dieser Erfahrung orientierten Aufnahme religiöser Symbole auch für Symbole gilt, die im Lauf der Kirchengeschichte entstanden sind und heute in Geltung stehen.

Gegenüber der hier skizzierten Definition religiöser Symbole und dem theoretischen Bezugsrahmen, in den sie versuchsweise skizzenhaft eingefügt wurden, kann der Verdacht entstehen, daß durch diese Betrachtungsweise jede Form christlicher Offenbarungslehre verlassen ist. Jedoch scheint mir hier eher ein Sprach- als ein Sachproblem zu liegen. Denn in den Worten 'Offenbarung Gottes' ist ein symbolisches Element mit einer theologischen Interpretation verbunden. Dadurch ist es unmöglich, diese Worte zur Erstellung einer Theorie über Symbole zu benutzen, wenn man nicht Symbole mit Symbolen erklären will. Um hier eine klarere Sichtweise anzubieten, unterscheide ich verschiedene Sprachebenen:

Der symbolische Bereich umfaßt die religiösen Symbole, die als Gegenstand der Forschung erscheinen, selber jedoch nicht in einer wissenschaftlich normierbaren Sprache formuliert sind.

Die metasymbolische Ebene umfaßt objektsprachliche Beschreibungen der Verwendung von Symbolen sowie Hypothesen bzw. Theorien über die Entstehungsbedingungen der Symbole, ihre Wirkungsweisen, ihre Vermittlungsbedingungen im Sozialisationsprozeß etc.

Metatheoretische Sätze beinhalten die Kontrolle der Angemessenheit der Theorie- bzw. Hypothesenbildung.[1)]

---

1) In seiner 'Logik der Religion' hat BOCHEŃSKI (1965) ein 3-Stufen-Modell zur Klassifikation religiöser Sätze vorgeschlagen (S. 59ff), das von dem hier angegebenen Schema erheblich abweicht:
Die erste Stufe bezieht sich auf die "Klasse objektsprachlicher Sätze" (S. 59), z.B. Aussagen in Glaubensbekenntnissen. Die zweite Stufe beinhaltet "eine heuristische Regel, die angibt, welche Sätze als Elemente des objektiven Glaubens zu betrachten sind. Das ist eine metasprachliche Regel und entspricht der Regel, durch die in logischen Systemen die Axiome aufgezählt werden." (S. 60) Die dritte Stufe enthält die "Grundannahme, die wir hier das 'Grund-Dogma' (...) nennen".(ebda) Sie "ist eine metalogische Regel, nach der jedes Element des objektiven G (= Glaubensgehalt), d.h. jeder durch die heuristische Regel bestimmte Satz, als wahr anzunehmen ist." (ebda) BOCHEŃSKI interpretiert hier also die Theologie, die die heuristische Regel handhabt, in Analogie zur Naturwissenschaft als ein System von Aussagen, deren Gültigkeit durch eine bestimmte Anzahl von Grundaussagen (Axiomen) vollständig und widerspruchsfrei fest-

Zur Verdeutlichung dieser Sprachregelung gebe ich ein Beispiel:

Symbolischer Satz: "Jesus Christus ist der Sohn Gottes."

Objektsprachlicher Satz: "In den Dokumenten des Neuen Testaments wird von Jesus Christus als dem Sohn Gottes gesprochen."

Hypothese aus dem theoretischen Bereich: "Je weniger dogmatisch die Aussage, Jesus Christus ist Gottes Sohn, im Sozialisationsprozeß eingeführt wird, desto höher ist die Wahrscheinlichkeit, daß eine Identifikation mit christlichen Motiven stattfindet."

Metatheoretischer Satz: "Die Hypothese ist bisher nicht ausreichend bestätigt."

Daraus folgt, daß Formulierungen über die Offenbarung Gottes dem symbolischen Bereich zugeordnet werden müs-

---

gelegt ist.
Diese Konstruktion hat den Nachteil, daß die objektsprachlichen Sätze der ersten Stufe keine Beschreibungen unmittelbar feststellbarer Sachverhalte sind, sondern durch ihren geschichtlich vermittelten Symbolcharakter von vornherein ein Brechung rationaler Erkenntnis beinhalten, d.h. der Axiomatisierung entzogen sind.
Vermutlich hat BOCHEŃSKI aber recht, wenn sein Vorschlag als logische Rekonstruktion unvermittelt dogmatischer theologischer und religiöser Interpretationsstrukturen gemeint ist. Problematisch wird seine Klassifizierung jedoch dann, wenn sie in normativer Absicht verwendet wird und so diese traditionellen Formen religiöser und theologischer Vergewisserung festigt.

Im Blick auf die dritte Leitfrage habe ich eine andere Klassifikation vorgeschlagen, weil eine Erforschung religiöser Symbole nicht sinnvoll auf eine logische Analyse der Symbole begrenzt werden kann, sondern zu einer Theorie über die Symbole ausgeweitet werden muß; denn es soll hier nicht um die logische Rekonstruktion gegenwärtiger Interpretationsstrukturen, sondern um die Erstellung handlungsorientierenden theologischen Wissens gehen, das die Reflexion von anthropologischen Verursachungen und Wirkungen der Symbole einbeziehen muß.

sen. Da aber die hier vorgetragenen Erwägungen zur Definition und Theorie religiöser Symbole sämtlich metasymbolischer Art sind, kann die Behauptung, daß die christliche Offenbarungslehre verlassen sei, nur dann aufrechterhalten werden, wenn Offenbarung als unsymbolisch, objektivierbar wahr behauptet wird. Das aber ist zumindest in der protestantischen Theologie nur selten der Fall gewesen.

Eine letzte Frage im Zusammenhang der Überlegungen zum religiösen Symbol ist die, ob die angedeuteten Definitions- und Theorieelemente die Analyse des faktischen Symbolgebrauchs ermöglichen, oder ob sie bereits von einer Wunschvorstellung darüber ausgehen, was Symbole leisten und wie sie interpretiert werden sollen. Mit Sicherheit können die hier vorgetragenen Gedanken als Eröffnung einer interdisziplinären Erforschung des faktischen Bestandes religiöser Symbole im Rahmen allgemeiner wissenschaftlicher Überlegungen diskutiert werden, da sie keine Elemente enthalten, die sie gegen intersubjektive Kontrolle und empirische Überprüfung immunisieren. Sicher ist aber auch, daß sie bereits ein Vorverständnis darüber enthalten, was religiöse Symbole leisten und wie sie verwendet werden sollen. Dieses Vorverständnis soll abschließend im Blick auf den funktionalen Aspekt religiöser Symbole erläutert werden.

3.22 Funktionen religiöser Symbole

TILLICH hat, wie bereits gesagt worden war (2.232), behauptet, daß lebendige religiöse Symbole die sind, die "Antwort, Handeln und Gemeinschaft" bewirken.[1] Ich ver-

1) Wesen und Wandel des Glaubens, S. 112

ändere diese Formulierung im Blick auf die vorgetragenen theoretischen Erwägungen und im Blick auf zu erläuternde Wertsetzungen: Lebendige Symbole, d.h. Symbole, die guten Gewissens weitertradiert werden können, sind solche, die verantwortliches Handeln motivieren, Gemeinschaft stiften und Entlastung schaffen. Alle drei Begriffe greifen zentrale christliche Motive auf, die ihre Bedeutung ihrerseits auf der Basis allgemeiner anthropologischer Bedürfnisse gewonnen haben. Ich möchte alle drei kurz erläutern:

Verantwortliches Handeln ist eine Neuaufnahme des zentralen christlichen Motivs der Liebe. Es scheint mir nötig, den Begriff der Liebe zu ersetzen, da sentimentale und individualistische Mißverständnisse ihm diskreditieren. Der Begriff Verantwortung ist auch nicht optimal, da er durch vielfach ideologisch belasteten Gebrauch (z.B. in der mißverständlichen Koppelung mit einem liberalen Freiheitsbegriff bis zur Unkenntlichkeit entstellt ist. Es scheint mir dennoch nicht unmöglich zu sein, ihn interpretierend aufzunehmen.[1])

Der Begriff der Verantwortung verweist auf ein Subjekt, das Verantwortung wahrnimmt. Dieses Subjekt ist nicht

---

1) BONHOEFFER hat in seinem vierten Versuch (zur Datierung der vier Entwürfe cf das Vorwort zur sechsten Auflage der Ethik (S. 14ff), Grundstrukturen einer Ethik zu entwickeln, dies unter dem Stichwort 'Struktur des verantwortlichen Lebens' (S. 238ff) getan. PICHT (1967) hat versucht, den Begriff Verantwortung zu einem 'anthropologischen Grundbegriff' zu machen. Er wehrt sich damit gegen eine Verwendung dieses Begriffs "als ein äußerliches Versatzstück ..., das billige Formeln an die Hand gibt, um die Individualethik überlieferter Prägung kurzschlüssig mit der Sozialethik zu vermitteln." (S. 194) Beide Autoren haben die folgende Charakterisierung des Verantwortungsbegriffs maßgeblich beeinflußt.

der isolierte einzelne. Der einzelne steht als Verantwortungsträger im Kontext des Verantwortungsbereiches, den er verantwortet, ist hier von seinen eigenen individuell-biographischen Voraussetzungen wie auch von allgemeinen Verhaltenserwartungen seiner Rolle, z.B. als Vater, geprägt, wenn auch nicht sklavisch daran gebunden. Ferner darf der Begriff Verantwortung nicht für den einzelnen als Subjekt reserviert werden. Die theologische Wissenschaft ist z.B. für Teilbereiche der kirchlichen Arbeit verantwortlich. Dabei müssen die komplexen Forschungszusammenhänge, die sich hieraus ergeben, in pragmatischer Arbeitsteilung so delegiert werden, daß weder der einzelne Forscher sich von der Last dieser Verantwortung erdrückt fühlt, was eine ergiebige Forschung ausschließen würde, noch daß der einzelne diesen Aspekt aus dem Auge verliert, was zur Zersplitterung der theologischen Wissenschaft führt.

Verantwortliches Handeln beschreibt ein Handeln, das sich nicht auf überzeitliche Werte normativ festlegen läßt und das sich nicht pragmatisch den Augenblicksforderungen der Situation anpaßt. Es geht aus von veränderbaren Zielvorstellungen, von Leitlinien und Absichtserklärungen, die unter anderem im Rückgriff auf in Symbolen aufgehobenen Wertvorstellungen gewonnen werden[1] und

---

1) cf auch HELLE, der von der wissenssoziologischen Unterscheidung zwischen Werte-, Normen- und Faktenwissen ausgeht und behauptet: "Das Bewußtsein um das Bestehen einer solchen Spannung (zwischen Wertwissen und Faktenwissen) läßt sich durch 'soziale Symbole' im Wege symbolischer Kommunikation mitteilen. Keine der anderen Zeichenformen überbrückt im Bewußtsein die Kluft zwischen Wertewissen und Faktenwissen. Wo der Widerspruch zwischen den beiden Wissensformen im Handeln manifest wird, wo gleichsam die Spannung zwischen Werten und Fakten dadurch sichtbar wird, daß der Funke überspringt, da sind die Voraussetzungen für die Entstehung oder Wirksamkeit eines 'sozialen Symbols' gegeben." (HELLE 1969, S. 80f) "Vermutlich

in konkreten Situationen interpretiert und möglicherweise verändert werden müssen. Das schließt die Bereitschaft ein, im Wagnis des Handelns Schuld auf sich zu nehmen und das relativ Bessere dem relativ Schlechteren vorzuziehen.

Verantwortung hat eine negative Verweisung, d.h. daß Verantwortungsträger nicht nur dort verantwortlich sind, wo sie zur Rechenschaft gezogen werden können, sondern auch dort, wo sie durch Handeln sinnvoll hätten eingreifen können. Verantwortung bemißt sich damit nicht primär an den Intentionen des Subjekts, sondern an den Auswirkungen seines Verhaltens, i.e. seines Handelns <u>und</u> seiner <u>Handlungsabstinenz</u>.

Ist ein Subjekt Träger eines bestimmten Verantwortungsbereiches geworden, besteht die Gefahr, daß es sich in dieser Rolle länger fixiert als es notwendig wäre. Das Subjekt muß darum auch eine ständige funktionsanalytische Überprüfung der eigenen Aufgaben als zu jedem Verantwortungsbereich gehörig akzeptieren.

Der Begriff Verantwortung verweist auf den zweiten Begriff, den der <u>Gemeinschaft</u> nicht nur deswegen, weil jede Gemeinschaft ein mögliches Subjekt von Verantwortung ist, sondern auch weil der einzelne als Verantwortungsträger auf eine Gruppe angewiesen ist. Sie macht ihn auf die notwendige Übernahme von Verantwortung oder eine konkrete Verantwortung aufmerksam und gibt durch Informationen und Rat Entscheidungshilfen. In dieser Funktion spiegelt die Gemeinschaft die Kirche in cari-

---

sind diese Dogmen (christliche Familiendogmen - Mariengestalt/Josephsgestalt) zur Zeit ihrer Entstehung als Sozialkritik verstanden worden. Sie kritisierten das Familienleben und die soziale Stellung der Frau ähnlich wie die zahlreichen 'Utopien' der Weltliteratur das politische Leben ihrer Zeit kritisierten." (ebda S. 91) tativer und seelsorgerischer Funktion wider. Aus der in 3.21 vorgeschlagenen Definition der Symbole kann noch eine weitere Funktion der Gemeinschaft abgeleitet werden. Wenn die Symbole eine zugleich bedeutsame und interpretationsbedürftige Nachricht übermitteln, führt das den einzelnen zu einer "Attitüde des Suchens. Der suchende Einzelne ist in besonderer Weise dazu prädisponiert, soziale Beziehungen einzugehen, sich einem sozialen Gebilde anzuschließen. Das soziale Gebilde als Subjekt produziert dann womöglich eine Antwort, die es entweder findet oder definiert."[1] Diese Attitüde des Suchens ist für die Symbole charakteristisch. "Sobald der symbolische Kommunikationsgehalt als restlos verbal definiert gilt, erlischt das Interpretationsbedürfnis",[2] und das Symbol wird - im Sinne der Unterscheidung TILLICHs - zum Zeichen. Geht die Bedeutsamkeit verloren, erstarrt das Symbol in Ritualismus.

Die Gemeinschaft hat für den Verantwortungsträger neben der Motivationsfunktion auch eine Entlastungsfunktion. Dabei soll mit Entlastung, sofern sie sich auf die Symbole bezieht, die Bedeutung gemeint sein, die das unmittelbare Eindringen in eine vorgegebene Welt- und Lebensdeutung hat. LOHFF hat das so formuliert: "Religion hält die gesellschaftlichen Motivationen, (z.B.:) die Forderung ... des Zugehens auf ein heilsames Ziel der Gesellschaft in einer Unmittelbarkeit präsent, die noch diesseits der komplizierten Vermittlungen technischer und politischer Art steht, deren die moderne Gesellschaft für ihren Selbstvollzug bedarf. Eben dieses ermöglicht dem einzelnen Teilnahme an den grundlegenden Motiven unabhängig vom intellektuellen Niveau und von der Funktion, die

---

1) ebda S. 17f

2) ebda S. 19

er im Prozeß der arbeitsteiligen Gesellschaft hat. Darin liegt die unvergleichliche Entlastungs- und Integrationsfunktion der Religion."[1)]

Versucht man, die Entlastungsfunktion der religiösen Symbole in soziologischen Begriffen auszudrücken, kann man sagen: Mit Hilfe symbolischer Kommunikation werden Werte mitgeteilt und internalisiert. "Symbole sind als Repräsentanten von Handlungsabläufen definiert worden. ... Da Handlungsmuster mit Werten verbunden sind, gewinnen Symbole gleichzeitig Repräsentanz für jene Werte, die in Zusammenhang mit der Handlungskette stehen. Sie sind abgekürzte und hochverdichtete Informationen über Wünschenswertes."[2)] In dieser Funktion haben sie - wie die Werte[3)] - als Selektionskriterien, als Entscheidungshilfen, eine entlastende Funktion.

Faßt man die drei Aspekte verantwortliches Handeln, Gemeinschaft und Entlastung zusammen, so kann man sagen, daß lebendige religiöse Symbole zur Identitätsfindung des Menschen beitragen.[4)] Dabei soll mit dem Begriff Identität "ein spezifischer Zuwachs an Persönlichkeitsreife angedeutet werden, den das Individuum am Ende der Adoleszenz der Fülle seiner Kindheitserfahrungen entommen haben muß, um für die Aufgaben des Erwachsenenlebens gerüstet zu sein."[5)]

---

1) LOHFF (1969) S. 24f

2) FRIEDRICHS (1968) S. 85 (Hervorhebung im Zitat vom Vf.)

3) cf ebda S. 26ff. Er stellt fest, daß die soziologische Theorie Werte zunehmend als 'Selektionskriterien oder Standards' beschreibt, daß "Werte als Überzeugungen oder Entscheidungskriterien verstanden werden, die auf Konzeptionen des Wünschenswerten beruhen." (S. 26)

4) cf TILLICHs Hinweis auf integrierende und desintegrierende Kräfte religiöser Symbole

5) ERIKSON (1959) S. 123

Das ist aber nur möglich, wenn das Individuum seine Bedürfnisse im weitesten Sinn dieses Wortes mit gesellschaftlichen Angeboten zur Bedürfnisbefriedigung vermitteln kann.[1)]

Obwohl die Frage gegenwärtig offen ist, ob angesichts säkularer Weltdeutungen religiöse Symbole noch einmal in gesellschaftlich relevantem Ausmaß einen Beitrag zur Identitätsfindung leisten können, wäre es dennoch die Aufgabe der Theologie, Verlaufsformen gelungener Identität zu analysieren und Verlaufsformen gelingender Identität zu entwickeln. Für die inhaltliche Bestimmung könnte dabei die Symbolforschung wertvoll sein, weil die in den Symbolen zu Objektivationen geronnenen Handlungsabläufe, wenn sie mit positiven Werten belegt werden, ein Anzeichen für Hoffnungen, Wünsche und Bedürfnisse sowohl der Menschen sind, deren positive Bewertung zur Symbolbildung beigetragen hat, als auch der Menschen, die ihnen im gegenwärtigen Zeitpunkt positive Werte zuschreiben. Da auf diesem Wege Hoffnungen, Wünsche und Bedürfnisse der Menschen durch verschiedene Zeiten hindurch wissenschaftlich analysiert werden können, kann die Symbolanalyse möglicherweise zur Verminderung der Schärfe der Trennung zwischen der Analyse von Fakten und subjektiver Willkür bei Handlungs- und Entscheidungsprozessen beitragen, wenn das Wissen um die in den Symbolen ausgedrückten Hoffnungen, Wünsche und Bedürfnisse in den Entscheidungsprozeß eingeht.

---

1) Wo dieses Verhältnis von Individuum und Gesellschaft schwerwiegend gestört ist, impliziert der Versuch, Menschen zur Identität zu verhelfen, auch Kritik an gesellschaftlichen Rollen. Das Engagement kollektiver und individueller Verantwortungsträger muß dann auch auf solche gesellschaftlich-strukturellen Veränderungen gerichtet sein, die die Identitätsfindungsprozesse der einzelnen Individuen erleichtern.

3.3 Schlußbemerkung

Gegen die in dieser Arbeit vorgetragenen Gedanken kann folgender Einwand erhoben werden: Bei dem vorgeschlagenen Weg theologischer Theoriebildung geht die Theologie in Sozialpsychologie auf, ein Einwand, der in Variationen gegenüber der Naturwissenschaft und gegenüber der Einführung profanhistorischer Methoden in der Exegese seit langem Rückzugsgefechte theologischer Dogmatik begleitet. Ich bin aber im Blick auf die drei Leitfragen der hoffentlich im vorhergehenden nicht unbegründet gebliebenen Ansicht, daß die Theologie auch dann in einen offenen vorbehaltlosen Lernprozeß mit den Humanwissenschaften eintreten muß, wenn man nicht von vornherein sagen kann, wohin er führen wird. Anders jedenfalls wird es kaum möglich sein, durch die Erarbeitung handlungsorientierenden theologischen Wissens unerwünschte Auswirkungen von Theologie und Kirche möglichst weitgehend auszuschalten und den Funktionsträgern der Kirche zu einer beruflichen Identität zu verhelfen.

4. Literaturverzeichnis

Adorno, Theodor W. — Soziologie und empirische Forschung (1957)
in: Logik der Sozialwissenschaften (hrsg. von Ernst Topitsch)
5. Aufl. Köln/Berlin 1968, S. 511ff

Albert, Hans — Plädoyer für kritischen Rationalismus
München 1971

Theorie und Prognose in den Sozialwissenschaften (1957)
in: Logik der Sozialwissenschaften (hrsg. von Ernst Topitsch)
5. Aufl. Köln/Berlin 1968, S. 126ff

Traktat über kritische Vernunft (1968)
2. Aufl. Tübingen 1969

Atteslander, Peter — Methoden der empirischen Sozialforschung
Berlin 1969

Aubrey, Edwin E. — The Religious Symbol
in: The Journal of Liberal Religion, II, No. 4, 1941, S. 201f

Baden, Hans Jürgen — Die Bedeutung Paul Tillichs
in: Deutsches Pfarrerblatt, 1962, S. 240ff

Bader, Claudia — Das "Wort Gottes"in Paul Tillichs Theologie
in: Neue Zeitschrift für systematische Theologie, 11, 1969, S. 219ff

Bahr, Hans-Eckehard — Verkündigung als Information
Hamburg 1968

Balint, Alice — Versagen und Gewähren in der Erziehung (1932)
in: Psychoanalyse und Erziehungspraxis (hrsg. von Johannes Cremerius) Frankfurt/Hamburg 1971, S. 83ff

Bargheer, Friedrich W. — Religionsunterricht, säkulare Gesellschaft und empirische Forschung
in: Theologia Practica, III, 1968, S. 331ff

Barth, Karl — Biblische Fragen, Einsichten und Ausblicke (1920)
in: Anfänge der dialektischen Theologie (hrsg. von Jürgen Moltmann) Teil I, 2. Aufl. München 1966, S. 49ff

Der Römerbrief
3. Aufl. München 1924

Von der Paradoxie des "positiven Paradoxes" (Antworten und Fragen an Paul Tillich) (1923)
in: WW VII, S. 226ff

Evangelische Theologie im 19. Jahrhundert
in: Theologische Studien, Heft 49, Zürich 1957

Das Wort Gottes als Aufgabe der Theologie (1922)
in: Anfänge der dialektischen Theologie (hrsg. von Jürgen Moltmann) Teil I, 2. Aufl. München 1966, S. 197ff

Barthel, Pierre — Interprétation du langage mythique et théologie biblique
Leiden 1963

Bartley, William W. — Flucht ins Engagement (1962)
München 1964

Bastian, Hans-Dieter — Problemanzeigen einer kybernetischen Theologie
in: Evangelische Theologie, 28, 1968, S. 334ff

Vom Wort zu den Wörtern
in: Evangelische Theologie, 28, 1968, S. 25ff

Beckmann, Klaus-Martin — Die Mandatenlehre und die nicht-religiöse Interpretation biblischer Begriffe bei Dietrich Bonhoeffer
in: Evangelische Theologie, 28, 1968, S. 202ff

Berger, Peter L. — Auf den Spuren der Engel
Frankfurt 1970

Berger, Peter L. und Luckmann, Thomas — Die gesellschaftliche Konstruktion der Wirklichkeit
Frankfurt 1969

Bessler, Hansjörg — Aussagenanalyse
Bielefeld 1970

Bethge, Eberhard — Dietrich Bonhoeffer. Theologe, Christ, Zeitgenosse
München 1967

Bocheński, Joseph M. — Logik der Religion (1965)
Köln 1968

Bonhoeffer, Dietrich — Ethik (hrsg. von Eberhard Bethge)
6. Aufl. München 1963

Gedanken zum Tauftag (1944)
in: ds.: Widerstand und Ergebung, 11. Aufl. München 1962, S. 196ff

Die Geschichte und das Gute
in: ds.: Gesammelte Schriften Bd. III München 1960, S. 455ff

Bormann, Günther — Studien zu Berufsbild und Berufswirklichkeit evangelischer Pfarrer in Württemberg
in: Internationales Jahrbuch für Religionssoziologie, 4, 1968, S. 158ff

Borné, Gerhard — Theologiestudenten und Identitätskrise
in: Wissenschaft und Praxis in Kirche und Gesellschaft, 60, 1971, S. 361ff

Braune, Walther — Konkrete Bedrohungen und die Mächtigkeit des Seins (1966) in: Werk und Wirken Paul Tillichs, Stuttgart 1967, S. 73ff

Brelage, Manfred — Die Geschichtlichkeit der Philosophie und die Philosophiegeschichte in: Zeitschrift für philosophische Forschung, XVI, 1962, S. 375ff

Brown, J.S. — Kriterien zur Bestimmung von Motivationsvariablen (1961) in: Die Motivation menschlichen Handelns (hrsg. von Hans Thomae) 6. Aufl. Köln/Berlin 1970, S.52ff

Browning, Don — Analogy, Symbol, and Pastoral Theology in Tillich's Thought in: Pastoral Psychology, Febr. 1968, S. 41ff

Brügmann, Veit — Die Durchführung der Methode der Korrelation in den religiösen Reden Paul Tillichs Hamburg 1969

Bultmann, Rudolf — Das Problem einer theologischen Exegese des Neuen Testaments (1925) in: Anfänge der dialektischen Theologie (hrsg. von Jürgen Moltmann) Teil II, 2. Aufl. München 1967, S. 47ff

Das Problem der Hermeneutik (1950) in: ds.: Glauben und Verstehen Bd. 2, Tübingen 1952, S. 211ff

van Buren, Paul M. — Reden von Gott - in der Sprache der Welt Zürich/Stuttgart 1965

Carnap, Rudolf — Einführung in die symbolische Logik 2. neubearbeitete und erweiterte Auflage Wien 1960

Physikalische Begriffsbildung Nachdruck Darmstadt 1966

Caruso, Igor A. — Soziale Aspekte der Psychoanalyse
Stuttgart 1962

Cassirer, Ernst — Philosophie der symbolischen Formen (1923)
1. Teil, 2. Aufl. Nachdruck Darmstadt 1956
2. Teil, Berlin 1925
3. Teil, Berlin 1929
Index (bearbeitet von Hermann Noack) Berlin 1931

Chapey, Fernand — Paul Tillich
in: Bilanz der Theologie im 20. Jahrhundert (hrsg. von Herbert Vorgrimler und Robert van der Gucht) Freiburg/Basel/Wien 1970, S. 42ff

Cox, Harvey — Stadt ohne Gott? (1965)
3. Aufl. Stuttgart/Berlin 1967

Cremerius, Johannes (Hrsg.) — Psychoanalyse und Erziehungspraxis
Frankfurt/Hamburg 1971

Dänzer, Hermann — Der Begriff des Symbols in der Theologie Paul Tillichs und das physikalische Modell
in: Physikalische Blätter, 19, 1963, S. 540ff

Dahrendorf, Ralf — Elemente einer Theorie des sozialen Konflikts (1961)
in: ds.: Gesellschaft und Freiheit, München 1961, S. 197ff

Die Funktionen sozialer Konflikte (1960)
in: ds.: Gesellschaft und Freiheit, München 1961, S. 112ff

Pfade aus Utopia
München 1967

Dahm, Karl-Wilhelm — Beruf: Pfarrer
München 1971

Daiber, Karl-Fritz — Die Bedeutung der Soziologie für Theologie und Kirche in: Theologia Practica, IV, 1969, S. 346ff

Dantine, Wilhelm — Die Praktische Theologie in der Sicht der Systematik in: Theologia Practica, IV, 1969, S. 329ff

Dreikurs, Rudolf und Soltz, Vicki — Kinder fordern uns heraus (1964) Stuttgart 1971

Ebeling, Gerhard — Die Geschichtlichkeit der Kirche und ihrer Verkündigung als theologisches Problem Tübingen 1954

Wort und Glaube 3. Aufl. Tübingen 1967

Das Wesen des christlichen Glaubens München/Hamburg 1964

Eisenhuth, Heinz Erich — Ontologie und Theologie Göttingen 1933

Erikson, Erik H. — Einsicht und Verantwortung Stuttgart-Weilimdorf 1966

Identität und Lebenszyklus (1959) Frankfurt 1966

Kindheit und Gesellschaft 3. Aufl. Stuttgart 1968

Ermecke, Gustav — Die Theologie im Zusammenwirken mit den Sozialwissenschaften in: Münchener theologische Zeitschrift, 21, 1970, S. 124ff

Etzioni, Amitai — Elemente einer Makrosoziologie in: Theorien des sozialen Wandels (hrsg. von Wolfgang Zapf) 2. Aufl. Köln/Berlin 1970, S.147ff

Fend, Helmut — Sozialisierung und Erziehung 2./3. Aufl. Weinheim/Berlin/ Basel 1970

Fenton, John Y. — Being-itself and Religious Symbolism in: The Journal of Religion, XLV, 1965, S. 73ff

Fichter, Joseph H. — Grundbegriffe der Soziologie 2. Aufl. Wien/New York 1969

Ford, Lewis S. — The Ontological Foundation of Paul Tillich's Theory of the Religious Symbol (Mikrofilm) Ann Arbor/Michigan 1963

The three Strands of Tillich's Theory of Religious Symbols in: The Journal of Religion, XLVI, 1966, 1 Part II, Sonderheft, S. 104ff

Frey, Gerhard — Formale Strukturen in der Sprache in: Evangelische Theologie, 28, 1968, S. 357ff

Friedrichs, Jürgen — Werte und soziales Handeln Tübingen 1968

Fromm, Erich — Psychoanalyse und Ethik Zürich 1954

Analytische Sozialpsychologie und Gesellschaftstheorie Frankfurt 1970

Fuchs, Ernst — Hermeneutik 3. Aufl. Bad Cannstatt 1963

Gadamer, Hans Georg — Wahrheit und Methode 2. Aufl. Tübingen 1965

Gehlen, Arnold — Anthropologische Forschung Reinbek 1961

Glöckner, Reinhard — Der Mensch zwischen Ontologie und Personalismus in der philosophischen und theologischen Darstellung Paul Tillichs Jena 1962

Gogarten, Friedrich — Zur Geisteslage des Theologen
Noch eine Antwort an Paul Tillich
in: WW VII, S. 244ff

Zwischen den Zeiten (1920)
in: Anfänge der dialektischen Theologie (hrsg. von Jürgen Moltmann) Teil II, 2. Aufl. München 1967, S. 95ff

Grein, Joachim/ Krämer, Günter/ Läpple, Volker/ Schwemer, Ulrich/ Wittrock, Wolfgang — Identität und Praxis
in: Wissenschaft und Praxis in Kirche und Gesellschaft, 60, 1971, S. 372ff

Grimm, Jacob und Wilhelm — Artikel Verantwortung
in: Deutsches Wörterbuch, 12. Bd., I. Abt., Spalte 81f, Leipzig 1956

Habermas, Jürgen — Zur Logik der Sozialwissenschaften
Tübingen 1967

Technik und Wissenschaft als 'Ideologie'
Frankfurt 1968

Haendler, Otto — Paul Tillich - Der Mensch (1966)
in: Werk und Wirken Paul Tillichs, Stuttgart 1967, S. 47ff

Hamilton, Kenneth — The System and the Gospel
London 1963

Tillich's "Method of Correlation"
in: Canadian Journal of Theology, V, 1959, S. 87ff

Harnack, Adolf — Das Wesen des Christentums (1900)
56.-60. Tausend Leipzig 1908

Hartmann, Heinz — Stand und Entwicklung der amerikanischen Soziologie
in: Moderne amerikanische Soziologie (hrsg. von Heinz Hartmann), Stuttgart 1967, S. 1ff

Hartmann, Walter — Die Methode der Korrelation von philosophischen Fragen und theologischen Antworten bei Paul Tillich
Göttingen 1954

Hegel, Georg Wilhelm Friedrich — Grundlinien der Philosophie des Rechts (1821) (hrsg. von Johannes Hoffmeister)
4. Aufl. Hamburg 1955

Heimann, Eduard — Theologie - Fachwissen oder Grundwissen?
in: Der Spannungsbogen, Festgabe für Paul Tillich zum 75. Geburtstag (hrsg. von Karl Hennig), Stuttgart 1961, S. 97ff

Heinrichs, Jürgen — Die Welternährung als Bewährungsfeld wissenschaftlicher Verantwortung
in: Anstöße, Mai 1968, S. 61ff

Helle, Horst Jürgen — Soziologie und Symbol
Köln/Opladen 1969

Symbolbegriff und Handlungstheorie
in: Kölner Zeitschrift für Soziologie und Sozialpsychologie, 20, 1968, S. 17ff

Hemberg, Jarl — Theologie und moderne Wissenschaft
in: Neue Zeitschrift für systematische Theologie, 12, 1970, S. 165ff

Henel, Ingeborg C. — Kafka als religiöser Dichter - Eine Deutung auf Grund von Ideen und Begriffen Paul Tillichs
in: Werk und Wirken Paul Tillichs, Stuttgart 1967, S. 167ff

von Hentig, Hartmut — Systemzwang und Selbstbestimmung
2. Aufl. Stuttgart 1969

Herrmann, Wolfgang und Lautner, Gerd — Theologiestudium
München 1965

Hessen, Johannes	Religionsphilosophie 2 Bde München/Basel 1955
Hoekendijk, Johannes Christiaan	Die Zukunft der Kirche und die Kirche der Zukunft 2. Aufl. Stuttgart/Berlin 1965
Hollweg, Arnd	Theologie und Empirie Stuttgart 1971
Holm, Kurt	Zum Begriff der Macht in: Kölner Zeitschrift für Soziologie und Sozialpsychologie, 21, 1969, S. 269ff
Hopper, David	Tillich: a theological portrait Philadelphia/New York 1968
Horkheimer, Max	Letzte Spur von Theologie - Paul Tillichs Vermächtnis (1966) in: Werk und Wirken Paul Tillichs, Stuttgart 1967, S. 123ff
Hübner, Eberhard	"Monolog im Himmel"? in: Evangelische Theologie, 31, 1971, S. 63ff
Hubbeling, Hubertus G.	Analytische Philosophie und Theologie in: Zeitschrift für Theologie und Kirche, 67, 1970, S. 98ff
Husserl, Edmund	Philosophie als strenge Wissenschaft Frankfurt 1965
Jaffé, Aniela (Hrsg.)	Erinnerungen, Träume, Gedanken von C.G. Jung Zürich/Stuttgart 1962
Jaspers, Karl	Schellings Größe und sein Verhängnis in: Studia philosophica, XIV, 1954, S. 12ff auch in: Merkur, 9, 1955, No 1, S. 11ff
Jonas, Friedrich	Geschichte der Soziologie 4 Bde Hamburg 1968/69

Jüngel, Eberhard — Gott - als Wort unserer Sprache
in: Evangelische Theologie, 29, 1969, S. 1ff

Kaufmann, Hans-Bernhard — Didaktik und Homiletik
in: Evangelische Theologie, 32, 1972, S. 61ff

Kaufmann, Walter — Religion und Philosophie (1958)
München 1966

Kelly, G.A. — Der Motivationsbegriff als irreführendes Konstrukt (1958)
in: Die Motivation menschlichen Handelns (hrsg. von Hans Thomae) 6. Aufl. Köln/Berlin 1970, S. 498ff

Kimmerle, Heinz — Die Aufgabe einer philosophischen Theologie im Horizont der konkreten geschichtlichen Existenz
in: Neue Zeitschrift für systematische Theologie, 11, 1969, S. 13ff

Klein, Melanie — Eine Kinderentwicklung (1919)
in: Psychoanalyse und Erziehungspraxis (hrsg. von Johannes Cremerius) Frankfurt/Hamburg 1971, S. 23ff

Knudsen, Robert D. — Symbol and Myth in Contemporary Theology, with Special Reference to the Thought of Paul Tillich, Reinhold Niebuhr, and Nicolas Berdyaev
o.O. 1963

Koch, Friedrich — Negative und positive Sexualerziehung
Heidelberg 1971

von Kortzfleisch, Siegfried — Neue Wege der Apologetik
in: Theologia Practica, IV, 1969, S. 384ff

Koschorke, Martin — Vom Elend der Vikarsausbildung - am Beispiel der Seelsorge
in: Wissenschaft und Praxis in Kirche und Gesellschaft, 60, 1971, S. 389ff

Kraft, Viktor — Geschichtsforschung als strenge Wissenschaft (1955) in: Logik der Sozialwissenschaften (hrsg. von Ernst Topitsch), 5. Aufl. Köln/Berlin 1968, S.72ff

Kraus, Hans-Joachim — Die biblische Theologie Ihre Geschichte und Problematik Neuenkirchen/Vluyn 1970

Kreyssig, Peter — Paul Tillichs Theologie in ihrer Bedeutung für den Pfarrer in: Werk und Wirken Paul Tillichs, Stuttgart 1967, S. 107ff

Langford, Thomas A. — A Critical Analysis of Paul Tillich's Method of Correlation (Mikrofilm), Ann Arbor/Michigan 1958

Langer, Jens — Paul Tillichs Gotteslehre im Rahmen seiner Symboltheorie Rostock 1969

Lazarsfeld, Paul F. — Wissenschaftslogik und empirische Sozialforschung (1962) in: Logik der Sozialwissenschaften (hrsg. von Ernst Topitsch), 5. Aufl. Köln/Berlin 1968, S. 37ff

Leibrecht, Walter — The Life and Mind of Paul Tillich in: Religion and Culture Essays in Honor of Paul Tillich, New York 1959, S. 3ff

Leibrecht, Walter (Hrsg.) — Religion and Culture Essays in Honor of Paul Tillich, New York 1959

Lichtenstein, Ernst — Zur Metaphysik der pädagogischen Verantwortung in: Pädagogische Rundschau, 7, 1952/3, S. 49ff

Lindworsky, J. — Zur Klärung des Begriffes Motiv (1921) in: Die Motivation menschlichen Handelns (hrsg. von Hans Thomae), 6. Aufl. Köln/Berlin 1970, S. 37ff

Lipset, Seymour Martin — Bemerkungen zum Verhältnis von Soziologie und Geschichtswissenschaften (1958)
in: Logik der Sozialwissenschaften (hrsg. von Ernst Topitsch), 5. Aufl. Köln/Berlin 1968, S. 477ff

Lohff, Wenzel — Dogmatische Grundlegung zwischen Positivismus und Selbstverständnis
in: Kerygma und Dogma, 5, 1959, S. 42ff

Das dogmatische Problem der Anthropologie
in: Humanitas-Christianitas Walther von Loewenich zum 65. Geburtstag, Witten 1968, S. 291ff

Über die Rolle der Religion in der säkularen Gesellschaft
in: Christentum und Gesellschaft Ringvorlesung der Evangelisch-Theologischen Fakultät der Universität Hamburg (hrsg. von Wenzel Lohff und Bernhard Lohse), Göttingen 1969, S. 9ff

Looff, Hans — Der Symbolbegriff in der neueren Religionsphilosophie und Theologie
Köln 1955

Loomer, Bernard M. — Tillich's Theology of Correlation
in: The Journal of Religion, XXXVI, No. 7, 1956, S. 150ff

Lorenzer, Alfred — Kritik des psychoanalytischen Symbolbegriffs
Frankfurt 1970

Madsen, Truman G. — A Philosophical Examination of Tillich's Theory of Symbolic Meaning
(Mikrofilm) Harvard College Library 1958

Maechler, Winfried — Vom Pazifisten zum Widerstandskämpfer
in: Die mündige Welt Bd. 1, München 1955, S. 89ff

Malewski, Andrzej — Zur Problematik der Reduktion (1964)
in: Logik der Sozialwissenschaften (hrsg. von Ernst Topitsch), 5. Aufl. Köln/Berlin 1968, S. 367ff

Marcuse, Herbert — Triebstruktur und Gesellschaft
Frankfurt 1970

Marc-Wogau, Konrad — Der Symbolbegriff in der Philosophie Ernst Cassirers
in: Theoria, II, 1936, S. 279ff

Marsch, Wolf-Dieter — Gottes Offenbarung als Zugang zur Wirklichkeit
in: Die Zeichen der Zeit, 1959, S. 270ff

Matthes, Joachim — Religion und Gesellschaft
Reinbek 1967

McDonald, H.D. — The Symbolic Theology of Paul Tillich
in: Scottish Journal of Theology, 17, 1964, S. 414ff

McLean, George — Symbol and Analogy: Tillich and Thomas
in: Revue de l'Université d'Ottawa 28, 1958, Section spéciale, S. 193ff

Mildenberger, Friedrich — Theologie für die Zeit
Stuttgart 1969

Mitscherlich, Alexander — Die Idee des Friedens und die menschliche Aggressivität
o.O. 1969

Krankheit als Konflikt 2 Bde
4. Aufl. Frankfurt 1969

Die Unwirtlichkeit unserer Städte
8. Aufl. Frankfurt 1969

Mitscherlich, Alexander	Auf dem Weg zur vaterlosen Gesellschaft München 1963
Moltmann, Jürgen	Die Revolution der Freiheit in: Evangelische Theologie, 27, 1967, S. 595ff
	Theologie der Hoffnung 6. Aufl. München 1966
Müller-Schwefe, Hans-Rudolf	Theologie in gewandelter Zeit (1966) in: Werk und Wirken Paul Tillichs, Stuttgart 1967, S. 85ff
Neuenschwander, Ulrich	Paul Tillich, der protestantische Denker (1966) in: Werk und Wirken Paul Tillichs, Stuttgart 1967, S. 95ff
Nörenberg, Klaus-Dieter	Analogia Imaginis Gütersloh 1966
Noll, Peter	Jesus und das Gesetz Tübingen 1968
Oerter, Rolf	Moderne Entwicklungspsychologie 8. Aufl. Donauwörth 1970
Opp, Karl-Dieter	Kriminalität und Gesellschaftsstruktur Neuwied/Berlin 1968
	Kybernetik und Soziologie Neuwied/Berlin 1970
Otto, Gert	Modell einer Fakultätsreform in: Theologia Practica, VI, 1971, S. 49ff
Päschke, Bernd	Praktische Theologie als kritische Handlungswissenschaft in: Theologia Practica, VI, 1971, S. 1ff
Pannenberg, Wolfhart	Die Frage nach Gott in: Evangelische Theologie, 25, 1965, S. 238ff

Pannenberg, Wolfhart | Heilsgeschehen und Geschichte in: Kerygma und Dogma, 5, 1959, S. 218ff und 259ff

Über historische und theologische Hermeneutik in: ds.: Grundfragen systematischer Theologie, Göttingen 1967, S. 123ff

Was ist der Mensch? 2. Aufl. Göttingen 1964

Dogmatische Thesen zur Lehre von der Offenbarung (1960) in: Offenbarung als Geschichte (hrsg. von Wolfhart Pannenberg), 3. Aufl. Göttingen 1965, S. 91ff

Parsons, Talcott | Evolutionäre Universalien der Gesellschaft (1964) in: Theorien des sozialen Wandels (hrsg. von Wolfgang Zapf), 2. Aufl. Köln/Berlin 1970, S. 55ff

Philipp, Wolfgang | Die epizyklische und ostkirchliche Theologie Paul Tillichs (1966) in: Werk und Wirken Paul Tillichs, Stuttgart 1967, S. 133ff

Picht, Georg | Der Begriff der Verantwortung in: Kirche und Staat, Festschrift für Hermann Kunst zum 60. Geburtstag (hrsg. von Kurt Aland und Wilhelm Schneemelcher), Berlin 1967, S. 189ff

Die Erfahrung der Geschichte Frankfurt 1958

Mut zur Utopie München 1969

Die Verantwortung des Geistes Olten/Freiburg i.Brsg. 1965

Pisarski, Waldemar	Erste Schritte aus dem Elend heraus in: Wissenschaft und Praxis in Kirche und Gesellschaft, 60, 1971, S. 400ff
Popper, Karl R.	Die offene Gesellschaft und ihre Feinde, 2 Bde 2. Aufl. Bern 1970
	Logik der Forschung (1934) 4. Aufl. Tübingen 1971
	Prognose und Prophetie in den Sozialwissenschaften (1949) in: Logik der Sozialwissenschaften (hrsg. von Ernst Topitsch), 5. Aufl. Köln/Berlin 1968, S. 113ff
Radnitzky, Gerard	Contemporary schools of metascience 2 Bde 2. revidierte Aufl. in einem Band, Göteborg 1970
Reetz, Ulrich	Das Verständnis vom Sakramentalen in der Theologie Paul Tillichs auf dem Hintergrund seiner Symboltheorie Straßburg 1971
Rein, Gerhard (Redaktion)	Erinnerungen an Paul Tillich (Eine Sendung des Süddeutschen Rundfunks Stuttgart am 21. August 1966) in: Werk und Wirken Paul Tillichs, Stuttgart 1967, S. 11ff
Remplein, Heinz	Psychologie der Persönlichkeit 6. Aufl. München/Basel 1967
Rendtorff, Trutz	Das Offenbarungsproblem im Kirchenbegriff (1960) in: Offenbarung als Geschichte (hrsg. von Wolfhart Pannenberg), 3. Aufl. Göttingen 1965, S.115ff

Reuter, Hans-Richard	Bemerkungen zum Theologiebegriff - veranlaßt durch die Diskussion einer Fakultät in: Theologie als Wissenschaft in der Gesellschaft (hrsg. von Helge Siemers und Hans-Richard Reuter), Göttingen 1970, S.173ff
Rhein, Christoph	Paul Tillich, Philosoph und Theologe Stuttgart 1957
Richter, Horst-Eberhard	Patient Familie Reinbek 1970
Robinson, John A.T.	Gott ist anders 8. Aufl. München 1964
Rose, Arnold M.	Systematische Zusammenfassung der Theorie der symbolischen Interaktion (1962) in: Moderne amerikanische Soziologie (hrsg. von Heinz Hartmann), Stuttgart 1967, S. 219ff
Rosenthal, Klaus	Myth and Symbol in: Scottish Journal of Theology, 18, Nr. 4, 1965, S. 411ff
Rothert, Hans-Joachim	Die Bedeutung Paul Tillichs für die Frömmigkeit des modernen Menschen in: Werk und Wirken Paul Tillichs, Stuttgart 1967, S. 151ff
Rowe, William L.	Religious Symbols and God Chicago/London 1968
Sauter, Gerhard	Die Aufgabe der Theorie in der Theologie in: Evangelische Theologie, 30, 1970, S. 488ff
	Vor einem neuen Methodenstreit in der Theologie in: Theologische Existenz heute, Nr. 164 (hrsg. von Karl Gerhard Steck und Georg Eichholz) München 1970

Schäfer, Rolf — Das Problem der Erfahrung im Theologiestudium
in: Wissenschaft und Praxis in Kirche und Gesellschaft, 60, 1971, S. 381ff

Scharlemann, Robert — Seinsstruktur und Seinstiefe in der Tillichschen Methode der Korrelation
in: Kerygma und Dogma, 11, 1965, S. 245ff

Tillich's Method of Correlation: Two proposed Revisions
in: Journal of Religion, XLVI, No. 1, Part II, Sonderheft, 1966, S. 92ff

Schmidt, Erik — Gedanken zu Paul Tillichs philosophischer Theologie
in: Neue Zeitschrift für systematische Theologie, 5, 1963, S. 97ff

Schmidt, Hans — Verheißung und Schrecken der Freiheit
Stuttgart/Berlin 1964

vita experimentalis
München 1959

Schmithals, Walter — Theologie und Soziologie
Hektrogramm o.O. o.J.

Schmitz, Josef — Die apologetische Theologie Paul Tillichs
Mainz 1966

Schröer, Henning — Der praktische Bezug der theologischen Wissenschaft auf Kirche und Gesellschaft (1969)
in: Theologie als Wissenschaft in der Gesellschaft (hrsg. von Helge Siemers und Hans-Richard Reuter), Göttingen 1970, S.156ff

Die Denkform der Paradoxalität als theologisches Problem
Göttingen 1960

Schultz, Hans Jürgen — Konversion zur Welt
Hamburg 1964

Schulze, Hans — Begriff und Kriterien einer theologischen Handlungslehre - im Gegenüber zu paränetischer und ordnungstheologischer Ethik
in: Evangelische Theologie, 29, 1969, S. 183ff

Schwarz, Hans — Das Verhältnis von Theologie und Naturwissenschaft als systematisch-theologisches Problem
in: Neue Zeitschrift für systematische Theologie, 11, 1969, S. 139ff

Siemers, Helge — Fides quaerens intellectum? Theologie als kritisch-rationale Wissenschaft
in: Theologie als Wissenschaft in der Gesellschaft (hrsg. von Helge Siemers und Hans-Richard Reuter), Göttingen 1970, S.197ff

Skinner, B.F. — Kritik psychoanalytischer Begriffe und Theorien (1954)
in: Logik der Sozialwissenschaften (hrsg. von Ernst Topitsch), 5. Aufl. Köln/Berlin 1968, S. 454ff

Sölle, Dorothee — Stellvertretung
3. Aufl. Stuttgart/Berlin 1966

Spitz, René — Die Entstehung der ersten Objektbeziehungen
Stuttgart 1957

Steinbuch, Karl — Information
in: Evangelische Theologie, 28, 1968, S. 344ff

Stegmüller, Wolfgang — Hauptströmungen der Gegenwartsphilosophie
Wien/Stuttgart 1952

Strotzka, Hans — Einführung in die Sozialpsychiatrie
Reinbek 1965

Thielicke, Helmut — Paul Tillich - Wanderer zwischen zwei Welten
in: Der Spannungsbogen, Festgabe für Paul Tillich zum 75. Geburtstag (hrsg. von Karl Hennig), Stuttgart 1961, S. 9ff

Thomae, Hans (Hrsg.) — Die Motivation menschlichen Handelns
6. Aufl. Köln/Berlin 1970

Tillich, Paul — Gesammelte Werke Bd. I
(hrsg. von Renate Albrecht)
2. Aufl. Stuttgart 1959
(abgekürzt WW I)

Gesammelte Werke Bd. II-XII
(hrsg. von Renate Albrecht)
Stuttgart 1961ff
(abgekürzt WW II-XII)

Systematische Theologie Bd. I
3. überarbeitete Aufl. Stuttgart 1956
(abgekürzt STH I)

Systematische Theologie Bd. II
3. Aufl. Stuttgart 1958
(abgekürzt STH II)

Systematische Theologie Bd. III
Stuttgart 1966
(abgekürzt STH III)

Ankündigung zu einer Referats- und Vortragsreihe von Tillich, Wegener und Le Seur (Beilage zur kirchlichen Apologetik)
demnächst in: Gesammelte Werke Bd. XIII, S. 61ff

Kirchliche Apologetik (1912)
unveröffentlichte Photokopie
demnächst in: Gesammelte Werke Bd. XIII, S. 34ff

Philosophical Background of my Theology
Tokyo 1960 (maschinenschriftliches Manuskript)

Tillich, Paul

Die Bedeutung der Religionsgeschichte für den Systematischen Theologen
in: Werk und Wirken Paul Tillichs, Stuttgart 1967, S. 185ff

Die verlorene Dimension
Hamburg 1962

Das Ewige im Jetzt
Religiöse Reden, 3. Folge
Stuttgart 1964

Die christliche Gewißheit und der historische Jesus
(1911 geschrieben, Maschinenübertragung einer Handschrift)

Die Kategorie des "Heiligen" bei Rudolf Otto
in: Theologische Blätter, 2, 1923, Spalte 11f

Die religionsgeschichtliche Konstruktion in Schellings positiver Philosophie, ihre Voraussetzungen und Prinzipien
Breslau 1910

Die religiöse Lage der Gegenwart
Berlin 1926

Liebe, Macht, Gerechtigkeit
Tübingen 1955

Der Mut zum Sein
Hamburg 1968

Artikel: Mythus und Mythologie: I. Begrifflich und religionswissenschaftlich
in: Die Religion in Geschichte und Gegenwart (hrsg. von Hermann Gunkel und Leopold Zscharnack), 2. Aufl. Tübingen 1927ff, Bd. IV, S. 363ff

Tillich, Paul

Participation and Knowledge
Problems of an Ontology of Cognition
in: Sociologica. Max Horkheimer zum 60. Geburtstag (hrsg. von Theodor W. Adorno und W. Dirks) Frankfurt 1955, S. 201ff

Perspectives on 19th and 20th Century Protestant Theology (abgekürzt Perspectives) (hrsg. von Carl E. Braaten) New York/Evanston/London 1967

Artikel Philosophie: I. Begriff und Wesen, III. Philosophie und Religion, grundsätzlich
in: Die Religion in Geschichte und Gegenwart (hrsg. von Hermann Gunkel und Leopold Zscharnack) 2. Aufl. Tübingen 1927ff, Bd. IV, S. 1198ff und 1227ff

The Problem of Theological Method
in: Journal of Religion, 27, No. 1, 1947, S. 16ff

Der Protestantismus
Stuttgart 1950

Psychoanalysis, Existentialism and Theology
in: Faith and Freedom, 9, Part 1, No. 25, 1955, S. 1ff

Psychotherapie und eine christliche Deutung der menschlichen Natur
in: Psyche, 5, 1951, S. 473ff

Autobiographical Reflections
in: Theology of Paul Tillich (hrsg. von Charles W. Kegley und Robert W. Bretall) New York 1956, S. 3ff

Das neue Sein
Religiöse Reden 2. Folge
3. Aufl. Stuttgart 1959

Tillich, Paul — The Significance of Jung's Concept of Archetypes for the Problem of Religious Symbols
in: Carl Gustav Jung - 1875-1961
A Memorial Meeting
New York, December 1, 1961
(hrsg. von The New York Association for Analytical Psychology and the Analytical Psychology Club of New York) S. 28ff

Meine Suche nach dem Absoluten
Wuppertal-Barmen 1969

Symbol und Wirklichkeit
Göttingen 1962

Symbols of Eternal Life
in: Harvard Divinity Bulletin, April 1962, S. 1ff

In der Tiefe ist Wahrheit
Religiöse Reden 1. Folge
5. Aufl. Stuttgart 1952

Religiöse Verantwortung
in: Berliner Tageblatt 1929, Nr. 1, S. 2

Religiöse Verwirklichung
Berlin 1930

Vorlesungen über die Geschichte des christlichen Denkens
Teil I: Urchristentum bis Nachreformation
in: Ergänzungs- und Nachlaßbände zu den Gesammelten Werken Bd. I
(hrsg. von Ingeborg C. Henel)
Stuttgart 1971

Wesen und Wandel des Glaubens
Berlin 1966

Tillich, Paul and Rogers, Carl — A Dialogue
in: Pastoral Psychology, 19, No. 181, Febr. 1968, S. 55ff

Topitsch, Ernst (Hrsg.) — Logik der Sozialwissenschaften
5. Aufl. Köln/Berlin 1968

Topitsch, Ernst — Sprachlogische Probleme der sozialwissenschaftlichen Theoriebildung (1965)
in: Logik der Sozialwissenschaften (hrsg. von Ernst Topitsch)
5. Aufl. Köln/Berlin 1968, S.17ff

Ulrich, Thomas — Ontologie, Theologie, gesellschaftliche Praxis
Zürich 1971

Urban, Wilbur M. — A Critique of Professor Tillich's Theory of the Religious Symbol
in: The Journal of Liberal Religion, II, No. 1, 1940, S. 34ff

Vergote, Antoine — Religionspsychologie
Olten/Freiburg i.Brsg. 1970

Weigel, Gustave — Myth, Symbol and Analogy
in: Religion and Culture
Essays in Honor of Paul Tillich
(hrsg. von Walter Leibrecht)
New York 1959, S. 120ff

Weischedel, Wilhelm — Denker an der Grenze
Berlin 1966

Philosophische Theologie im Schatten des Nihilismus (1961a)
in: Evangelische Theologie, 22, 1962, S. 233ff

Paul Tillichs philosophische Theologie. Ein ehrerbietiger Widerspruch (1961b)
in: Der Spannungsbogen
Festgabe für Paul Tillich zum 75. Geburtstag (hrsg. von Karl Hennig) Stuttgart 1961, S. 25ff

Das Wesen der Verantwortung
2. Aufl. Frankfurt 1958

von Weizsäcker, Carl Friedrich — Die Tragweite der Wissenschaft
1. Bd.
Stuttgart 1964

Werner, Karl-Heinz — Paul Tillichs Methode der Korrelation, ihre Relevanz für die Praxis der Religionspädagogik
Hektogramm o.O. o.J.

Wersig, Gernot — Inhaltsanalyse
Berlin 1968

Wieland, Wolfgang — Artikel Ontologie
in: Die Religion in Geschichte und Gegenwart (hrsg. von Kurt Galling) 3. Aufl. Tübingen 1957ff, Bd. 4, Spalte 1632ff

Winkler, Klaus — Dogmatische Aussagen in der neueren Theologie im Verhältnis zu den Grundbegriffen C.G. Jungs
Berlin 1960

Wisse, Stephan — Das religiöse Symbol
Essen 1963

Wolff, Otto — Paul Tillichs Christologie des "Neuen Seins"
in: Neue Zeitschrift für systematische Theologie, 3, 1961, S. 129ff

Zabala, Albert J. — Myth and Symbol. An Analysis of Myth and Symbol in Paul Tillich
Paris 1959

Zahrnt, Heinz — Die Sache mit Gott
München 1966

5. Anhang: Die wichtigsten Texte zum Symbolbegriff in chronologischer Reihenfolge

1. Das religiöse Symbol (1928)

in:	Blätter für deutsche Philosophie, 1, 1928, S. 277ff
in:	Religiöse Verwirklichung, Berlin 1930, S. 88ff, mit Anmerkungen versehen (S. 284ff)
englisch in:	The Journal of Liberal Religion, II, No. 1, 1940, S. 13ff, unter dem Titel: The Religious Symbol (ohne Anmerkungen)
in:	Daedalus 87, No. 3, 1958, S. 3ff
in:	Symbolism in Religion and Literature (hrsg. von Rollo May) New York 1960, S. 75ff
in:	Religious Experience and Truth (hrsg. von Sidney Hook) New York 1961, S. 301ff
deutsch in:	WW V, 1964, S. 196ff

2. Symbol und Begriff im Wachsen der Kultur (1933)

in:	Die sozialistische Entscheidung, Potsdam 1933 neu aufgelegt: Offenbach 1948
in:	WW II, 1962, S. 349ff

3. Symbol and Knowledge (1941)

in:	The Journal of Liberal Religion, II, No. 4, 1941, S. 202ff

4. Religion and Secular Culture (1946)

in:	The Journal of Religion, 26, No. 2, 1946, S. 79ff
in:	The Protestant Era, Chicago 1948, S. 55ff

deutsch in: Der Protestantismus, Stuttgart 1950, S. 91ff, unter dem Titel: Religion und profane Kultur

in: WW IX, 1967, S. 82ff, unter dem Titel: Religion und Kultur (Von diesem Text ist jeweils der Abschnitt II wichtig, der sich mit dem theonomen Charakter von Symbolen beschäftigt.)

5. Mythos und Symbol (1948)

Vortrag anläßlich einer hessischen Pfarrerkonferenz in Marburg gehalten am 28.7.1948 (maschinenschriftliche Tonbandabschrift)

6. Theology and Symbolism (1952/3)

als Vortrag gehalten im Winter 1952/3

veröffentlicht in: Religious Symbolism (hrsg. von Ernest F. Johnson) New York 1955, S. 107ff

7. Religious Symbols and Our Knowledge of God (1955)

Transskript eines Vortragstextes am Shimer College

in: Christian Scholar, 38, 1955, S. 189ff

in: Theology of Culture (hrsg. von Robert C. Kimball) New York 1959, S. 53ff, unter dem Titel: The Nature of Religious Language

deutsch in: Monatsschrift für Pastoraltheologie, 50, 1961, S. 401ff, unter dem Titel: Das Wesen der religiösen Sprache

in: Die verlorene Dimension, Hamburg 1962, S. 39ff, unter dem Titel: Die Sprache der Religion

in: WW V, 1964, S. 213ff unter dem Titel: Das Wesen der religiösen Sprache

8. Existential Analyses and Religious Symbols (1956)

in:	Contemporary Problems in Religion (hrsg. von Harold A. Baselius), Detroit 1956, S. 35ff
in:	Four Existentialist Theologians (hrsg. von Will Herberg) Garden City/ New York 1958, S. 277ff
deutsch in:	Symbol und Wirklichkeit, Göttingen 1962, S. 12ff, unter dem Titel: Existentialanalyse und religiöse Symbole
in:	WW V, 1964, S. 223ff

9. Historical Research and Theology (1957)

in:	Systematic Theology Bd. II, London 1957, S. 123ff
deutsch in:	STH II, S. 118ff unter dem Titel: Historische Forschung und Theologie

10. Symbols of Faith (1957)

in:	Dynamics of Faith, New York 1957, S. 41ff
deutsch in:	Wesen und Wandel des Glaubens, Frankfurt/Berlin 1966, S. 53ff, unter dem Titel: Die Symbole des Glaubens

11. The Truth of Faith and its Criteria (1957)

in:	Dynamics of Faith, New York 1957, S. 95ff
deutsch in:	Wesen und Wandel des Glaubens, Frankfurt/Berlin 1966, S. 111ff, unter dem Titel: Die Wahrheit des Glaubens und ihre Kriterien

12. God as Reality and Symbol (1961)

in:	Tokyo Woman's Christian College, X, No. 2, 1961, S. 101ff

13. <u>Das religiöse Symbol</u> (1961)

(Vortrag am 12.5.1961 in Hofgeismar mit anschließender Diskussion, maschinenschriftliche Tonbandabschrift)

14. <u>The Meaning and Justification of Religious Symbols</u> (1961)

in:	Religious Experience and Truth (hrsg. von Sidney Hook) New York 1961, S. 3ff
deutsch in:	Symbol und Wirklichkeit, Göttingen 1962, S. 3ff, unter dem Titel: Sinn und Recht religiöser Symbole
in:	WW V, 1964, S. 237ff, unter dem Titel: Recht und Bedeutung religiöser Symbole